小学校 教科書単元別
到達目標と評価規準

理科 教 3-6年

INDEX

はじめに　田中耕治	3
本書の特長	4
新学習指導要領のポイント	6
学習指導要領　理科改訂のポイント	8
指導要録改訂のポイント	10
各教科の評価の観点と領域	12
単元一覧表	14
到達目標と評価規準	17

はじめに

子どもたちに「生きる力」を保障するために

佛教大学教育学部教授，京都大学名誉教授　**田中　耕治**

　2017年3月に新しい学習指導要領が告示され，小学校では2020年度から，中学校では2021年度から全面実施される。また2019年1月には，中央教育審議会初等中等教育分科会教育課程部会より「児童生徒の学習評価の在り方について（報告）」が公表され，指導要録改訂の方針が示された。

　新しい学習指導要領では，「生きる力」を育成するために，「何を学ぶのか」に加えて「何ができるようになるか」「どのように学ぶか」が重視され，知識・技能の習得に加えて，子どもたちが自ら考え，判断して表現する力と主体的に学習に取り組む態度を身に付けさせることが求められている。

　各小学校では，来年度からの全面実施に向け，さまざまな準備をしていく必要があるが，子どもたちの学力を保障するためには，「目標」の設定と「目標に準拠した評価」が必須であるということに変わりはない。このことを今一度確認しておきたい。

（1）変わらない「目標に準拠した評価」の意義

　「目標に準拠した評価」では，子どもたちに身に付けてほしい学力内容を到達目標として示し，すべての子どもが目標に到達するように授業や教育課程のあり方を検討していく。そして「目標に準拠した評価」を行い，未到達な状況が生まれた場合には，教え方と学び方の両方に反省を加え，改善を行うことができる。まさしく「目標に準拠した評価」こそが，未来を生きる子どもたちに本物の「生きる力」を保障する確固たる方針である。

（2）新しい観点での評価規準の明確化と評価方法の工夫

　「目標に準拠した評価」を具体的に展開していくためには，到達目標にもとづく評価規準を明確にする必要がある。評価規準があいまいな場合には，子どもたちが到達目標に達したかどうかの判断が主観的なものになってしまう。したがって，評価規準を明確にすることは「目標に準拠した評価」の成否を決する大切な作業となる。

　2020年度からの新しい学習評価では，観点が「知識・技能」「思考・判断・表現」「主体的に学習に取り組む態度」の3観点に統一される。どの観点でも，到達目標の設定と評価規準の明確化に加え，子どもたちが評価規準をパスしたかどうかを評価する方法の工夫が必要となる。そのような評価方法は，子どもたちの学びの過程を映し出したり，子どもが評価活動に参加して，自己表現－自己評価できるものが望ましい。

　当然のことながら，それらの評価が「評価のための評価」となってはならない。そのためには，これまで以上に客観的な評価規準を設定することが不可欠となる。

　このたび上梓された本書が，「目標に準拠した評価」を実現するための有効な手引書になれば幸いである。

本書の 特長

○新学習指導要領の趣旨を踏まえ，教科書の単元ごとに到達目標と評価規準を，新しい3観点それぞれで設定。また，授業ごとの学習活動も簡潔に提示。新学習指導要領と新観点に沿った指導計画，授業計画の作成に役立ちます。

内容紹介

〔紙面はサンプルです〕

6年　　　　　　　　　　　　　　　　　　教科書：p.28〜35　配当時数：5時間　配当月：5月

2. 植物の成長と日光の関わり

時数，配当月表示

内容の区分　B 生命・地球　　　**区分表示**

関連する道徳の内容項目　D 自然愛護

関連する道徳の内容項目

到達目標

≫知識・技能

○葉に日光が当たると，デンプンができることがわかる。

○日光を当てた葉と当てない葉で，デンプンのでき方を比べる実験を適切に行い，その結果を記録することができる。

≫思考・判断・表現

○植物の成長と日光との関わりについて問題を見つけることができる。

○予想や仮説を確かめるための実験計画を立てることができる。

○日光とデンプンのでき方との関係を調べる実験結果から，より妥当な考えを導き出し，

○葉にできた養分が，植物の成長とどのように関わっているかを考えることができる。

到達目標
授業の目標が明確にわかり，授業計画のもとになります。

≫主体的に学習に取り組む態度　※「主体的に学習に取り組む態度」は方向目標を示しています。

○植物の成長と日光との関わりについて粘り強く追究する活動を通して，葉でデンプンをつくるはたらきについて知り，まとめようとする。

評価規準

≫知識・技能

○デンプンができるためには，葉に日光が当たることが必要であることを理解している。

○葉でデンプンができるために必要な条件を調べる実験を，条件制御しながら適切に行っている。

○葉でデンプンができるために必要な条件を調べた実験結果を，正確に記録している。

● 対応する学習指導要領の項目：B (2) ア (ア)

≫思考・判断・表現

○植物の発芽の学習をもとに，植物の成長にデンプンが必要であるかどうかについて根拠のある予想を立てている。

○立てた予想を発表したり，文章にまとめている。

○友だちの意見を聞いて，自分の予想の妥当性について考えている。

○予想を確かめるための実験を計画している。

○実験結果をもとに，葉にデンプンができるために必要な条件について考え，わか

評価規準
「知識・技能」「思考・判断・表現」
児童が目標に達したかどうかをみとる際の規準です。
授業中の様子や児童のノートを確認する際の参考にもなります。

> **評価規準**
> **「主体的に学習に取り組む態度」**
> この評価規準を参考に，「主体的に学習に取り組む態度」の評価を行うことができます。

≫主体的に学習に取り組む態度

○植物の成長と日光との関わりについて問題を見つけ，根拠のある予想・仮説を立てて実験し，自分の考えをまとめている。

○植物の成長と日光の実験計画について，友だちとの話し合いを通して自らの考えを見直している。

○植物の成長と日光の実験結果をもとに考察したことについて，自分の意見を人にわかりやすく伝えるくふうをしている。

○植物の成長と日光の関わりの学習で，わかったこととまだわからないこと，できるようになったこととまだできないことが何かを，自分で考えている。

○植物に関心をもって，大切にしようとしている。

関連する既習内容

学年		内容
3	年	身の回りの生物
4	年	季節と生物
5	年	植物の発芽，成長，結実

> **関連する既習内容**
> つまずいたときに，どこの単元にもどればよいかがわかります。

学習活動

小単元名	時数	学習活動	見方・考え方
○導入	1	○教科書 P.28，29 の写真を見て，植物の成長と日光との関係について話し合う。 ・5年生の植物の発芽と成長の学習を振り返り，植物の発芽と養分，成長と日光との関係に興味・関心をもって話し合う。 ・植物の成長と日光との関わりについて問題を見つけ〜	共通性・多様性 関係付け
○成長と日光の関わり①	2	○日光と，葉にできる養分との関係を調べる。 ・日光とデンプンのでき方の関係について，根拠のある〜 ・葉に日光が当たるとデンプンができるかどうかを調〜える。 ・日光以外の条件を同じにして，日光とデンプンので〜を調べる。 ・デンプンの有無を，ヨウ素液を使って調べる。	
○成長と日光の関わり②	1	○実験の結果から考察し，わかりやすく整理する。 ・複数の実験の結果から，葉に日光が当たるかどうかと，葉にデンプンができるかどうかということを関係づけて考察する。 ・考察して導き出した結論をわかりやすくまとめる。 ・植物の葉に日光が当たると，デンプンができることを理解する。 ・半日の間，日光を当てなかった葉にはデンプンがなかったことから，葉でできた養分は植物の成長に使われることを理解する。	共通性・多様性 関係付け 多面的に考える
○確かめよう	1	○植物の成長と日光の関わりについて学んだことを生かして問題を解く。	共通性・多様性 多面的に考える

> **学習活動**
> 授業ごとの学習活動が明確になっているので，新教科書の授業で何をすればよいかがわかります。

新学習指導要領の ポイント

I　新学習指導要領の最大のポイント

　新学習指導要領では，全体を通して「何を学ぶか」に加えて「何ができるようになるか」が重視されています。身に付けた知識・技能を日常生活や学習場面で活用できる力を育てるということです。

　また，「なぜ学ぶのか」という学習の意義についても児童に確信を持たせることが必要とされています。それが主体的に学習に取り組む態度，学力につながり，最終的にはこれからの「予測が困難な時代」にも対応可能な「生きる力」を育てることになります。

II　資質・能力の育成と主体的・対話的で深い学び

「生きる力」に不可欠な資質・能力の柱として以下の三つが明記されました。

1．知識及び技能
2．思考力，判断力，表現力等
3．学びに向かう力，人間性等

これらの「資質・能力」を育成するために，「主体的・対話的で深い学び」に向けた授業改善が必要とされています。

「主体的」とは児童が意欲をもって学習にあたること，「対話的」とは先生からの一方的な授業ではなく，自分の考えを発表し，ほかの児童の考えを聞いて自分の考えをより深めるなどの活動です。これらを通して，より深い学力，つまり生活の中で活用できる学力を身に付けるようにするということです。

III　生活に生かす

　新学習指導要領には「日常生活」「生活に生かす」という言葉が多く出てきます。「なぜ学ぶのか」ということを児童が実感するためにも，学習内容と生活との関連を意識させ，学習への意欲をもつようにさせることが必要になります。「日常生活」や「生活に生かす」というキーワードを意識した授業が求められます。

IV　言語能力の育成

「教科横断的な視点に立った資質・能力の育成」という項目の中で，学習の基盤となる資質・能力として「情報活用能力」「問題発見・解決能力等」とあわせて「言語能力」が重視されています。国語ではもちろん，他の教科でも言語能力を育成するということになります。

　各教科内容の理解のためにも，「対話的」な学びを行うためにも，言語能力は必要です。具体的には，自分の考えをほかの人にもわかるように伝えることができるか，ほかの人の意見を理解することができるかを評価し，もし不十分であれば，それを指導，改善していくという授業が考えられます。「言語能力の育成」を意

識して，児童への発問やヒントをどう工夫するか，ということも必要になります。

V 評価の観点

　資質・能力の三つの柱に沿った以下の3観点とその内容で評価を行うことになります。

「知識・技能」　　　　　①個別の知識及び技能の習得

②個別の知識及び技能を，既有の知識及び技能と関連付けたり活用する中で，概念等としての理解や技能の習得

「思考・判断・表現」　　①知識及び技能を活用して課題を解決する等のために必要な思考力，判断力，表現力等

「主体的に学習に取り組む態度」①知識及び技能を習得したり，思考力，表現力等を身に付けたりすることに向けた粘り強い取組

②粘り強い取組の中での，自らの学習の調整

VI カリキュラム・マネジメント

　3年と4年に「外国語活動」が，5年と6年には教科として「外国語」が導入され，それぞれ35単位時間増えて，3年と4年は35単位時間，5年と6年は70単位時間になります。また，「主体的・対話的な学び」を推進していくと，必要な授業時数が増えていくことも考えられます。

　このような時間を捻出するために，それぞれの学校で目標とする児童像を確認しながら，「総合的な学習の時間」を核として各教科を有機的につなげた教科横断的なカリキュラムを組むなどの方法が考えられます。このカリキュラムを目標達成の観点から点検，評価しつつ改善を重ねていくカリキュラム・マネジメントが必要になります。

VII プログラミング学習

　小学校にプログラミング学習が導入されます。プログラミングそのものを学ぶのではなく，プログラミングの体験を通して論理的思考力を身に付けるための学習活動として位置づけられています。プログラミングそのものを学ぶのではありませんから，教師がプログラマーのような高度な知識や技術を持つ必要はありません。プログラミングの体験を通して，どのようにして児童の論理的思考力を育てていくかに注力することが必要です。

学習指導要領 理科改訂のポイント

(1)理科の教科目標と重視されたこと

新学習指導要領には，以下のように理科の教科目標がまとめられています。

理科の目標

自然に親しみ，理科の見方・考え方を働かせ，見通しをもって観察，実験を行うことなどを通して，自然の事物・現象についての問題を科学的に解決するために必要な資質・能力を次のとおり育成することを目指す。

(1)自然の事物・現象についての理解を図り，観察，実験などに関する基本的な技能を身に付けるようにする。

(2)観察，実験などを行い，問題解決の力を養う。

(3)自然を愛する心情や主体的に問題解決しようとする態度を養う。

今回の学習指導要領改訂で重視した点として，以下の2つが示されています。

ア　理科で育成を目指す資質・能力を育む観点から、自然に親しみ、見通しをもって観察、実験などを行い、その結果を基に考察し、結論を導きだすなどの問題解決活動の充実

イ　理科を学ぶことの意義や有用性の実感及び理科への関心を高める観点から、日常生活や社会との関連を重視

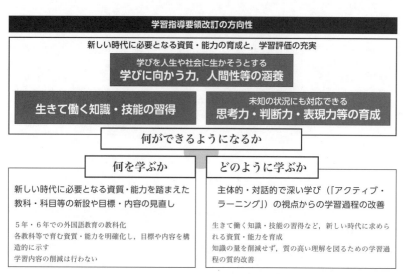

出典：文部科学省『新しい学習指導要領の考え方－中央教育審議会における議論から改訂そして実施へ－』より（一部改変）

(2)理科の見方・考え方

①理科の「見方」とは，各領域における問題解決の過程において，自然の事物・現象をどのような視点でとらえるかということであり，以下の４つが示されています。

- ・エネルギー領域　量的・関係的な視点
- ・粒子領域　　　　質的，実体的な視点
- ・生命領域　　　　多様性と共通性の視点
- ・地球領域　　　　時間的・空間的な視点

　ただし，これらの視点は，各領域固有のものではなく，他の領域においても用いられるべき視点であることや，原因と結果，部分と全体などの視点もあることに留意しなければなりません。

②理科の「考え方」とは，問題解決の過程において，どのような考え方で思考していくかということであり，学年ごとに重視する考え方が示されています。

第３学年	「比較する」	複数の自然の事物・現象を対応させ比べる
第４学年	「関係づける」	自然の事物・現象を様々な視点から結びつける
第５学年	「条件を制御する」	自然の事物・現象に影響を与えると考えられる要因について，どの要因が影響を与えるかを調べる際に，変化させる要因と変化させない要因を区別する
第６学年	「多面的に考える」	自然の事物・現象を複数の側面から考える

　各学年で示された「考え方」だけを用いて思考するということではなく，下の学年の「考え方」は上の学年の「考え方」の基盤になることに留意しなければなりません。

(3)理科での主体的・対話的で深い学び

①主体的な学び

- ・自然の事物・現象から問題を見いだし，見通しをもって観察，実験などを行う学び
- ・学習活動をふり返って意味づけたり，得られた知識や技能を基に次の問題を発見したり，新たな視点で自然の事物・現象を捉えようとする学び

②対話的な学び

- ・問題の設定や実験，観察の計画立案，結果の考察の場面などで，自ら考えて根拠をもって発表し，意見交換で自分の考えをより妥当なものにする学び

③深い学び

- ・新たに獲得した知識・技能や見方・考え方を次の学習や日常場面での問題発見，解決で働かせることができる学び

指導要録改訂の ポ イ ン ト

Ⅰ 指導要録の主な変更点

①全教科同じ観点に

「指導に関する記録」部分で，各教科の観点が全教科統一されました。

②評定の記入欄が，「各教科の学習の記録」部分へ

これまで評定の記入欄は独立していましたが，「評定が観点別学習状況の評価を総括したものであることを示すため」に「各教科の学習の記録」部分へ移動しました。

③外国語（5・6年）が「各教科の学習の記録」部分に追加

④「外国語活動の記録」部分が，5・6年から3・4年に変更

⑤「総合所見及び指導上参考となる諸事項」の記入スペースが小さく

教師の勤務負担軽減の観点から，「総合所見及び指導上参考となる諸事項」については，要点を箇条書きとするなど，その記載事項を必要最小限にとどめることになったためです。

また，「通級による指導に関して記載すべき事項が当該指導計画に記載されている場合には，その写しを指導要録の様式に添付することをもって指導要録への記入に変えることも可能」となりました。

⑥条件を満たせば，指導要録の様式を通知表の様式と共通のものにすることが可能

通知表の記載事項が，指導要録の「指導に関する記録」に記載する事項をすべて満たす場合には，設置者の判断により，指導要録の様式を通知表の様式と共通のものとすることが可能であるとなっています。

Ⅱ 新指導要録記入上の留意点

①教科横断的な視点で育成を目指すこととされた資質・能力の評価

「言語能力」「情報活用能力」「問題発見・解決能力」などの教科横断的な視点で育成を目指すこととされた資質・能力の評価は，各教科等における観点別学習状況の評価に反映することになります。

②「特別の教科 道徳」の評価（これまでと変更なし）

・数値による評価ではなく，記述式で行う

・個々の内容項目ごとではなく，多くくりなまとまりを踏まえた評価を行う

・他の児童との比較による評価ではなく，児童がいかに成長したかを積極的に受け止めて認め，励ます個人内評価とする　　など

③外国語活動（3・4年）の評価

観点別に設けられていた文章記述欄が簡素化されました。評価の観点に即して，児童の学習状況に顕著な事項がその特徴を記入する等，児童にどのような力が身に付いたかを文章で端的に記述します。

Ⅲ 新小学校児童指導要録（参考様式）の「指導に関する記録」部分

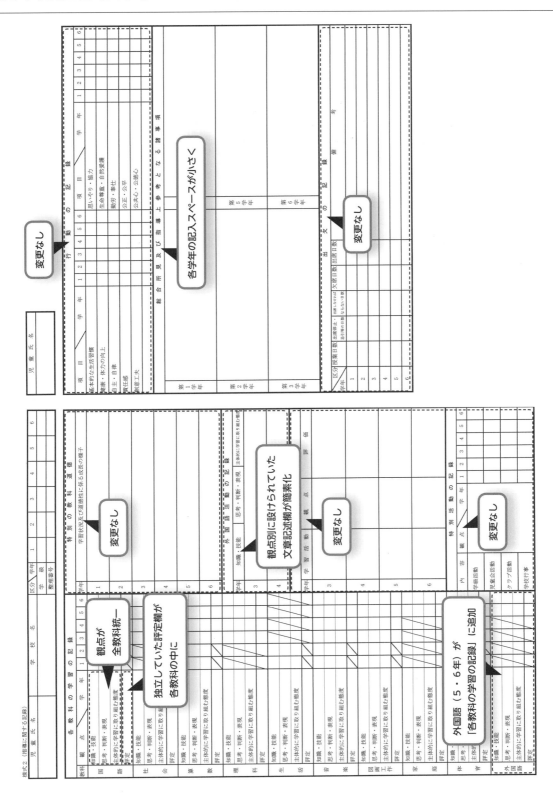

各教科の評価の 観点 と 領域

Ⅰ　2020年度からの評価の観点

　新学習指導要領では，すべての教科等で教育目標や内容が資質・能力の三つの柱「知識及び技能」「思考力，判断力，表現力等」「学びに向かう力，人間性等」に沿って再整理されました。

　この教育目標や内容の再整理を踏まえて，観点別評価については，すべての教科で「知識・技能」「思考・判断・表現」「主体的に学習に取り組む態度」の3観点で行うことになります。

Ⅱ　各観点で評価する内容

①知識・技能

・知識及び技能の習得状況

・習得した知識及び技能を既有の知識及び技能と関連付けたり活用したりする中で，他の学習や生活の場面でも活用できる程度に概念等を理解したり，技能を習得したりしているかどうか

②思考・判断・表現

・知識及び技能を活用して課題を解決する等のために必要な思考力，判断力，判断力等を身に付けているかどうか

③主体的に学習に取り組む態度

・知識及び技能を獲得したり，思考力・判断力，表現力等を身に付けたりするために，自らの学習状況を調整しながら，学ぼうとしているかどうかという意志的な側面

Ⅲ　各観点での評価の方法

①知識・技能

・知識や技能の習得だけを評価するのではなく，概念的な理解ができているかという視点でも評価を行います。

②思考・判断・表現

・ペーパーテストだけではなく，論述やレポートの作成，発表，グループや学級における話し合い，作品の制作や表現等の多様な活動の中での評価，それらを集めたポートフォリオを活用したりするなどの評価方法を工夫する必要があります。

③主体的に学習に取り組む態度

・ノートの記述，授業中の発言や行動，児童による自己評価や相互評価等を，評価の際に考慮する材料の一つとして用いることが考えられます。その際，児童の発達の段階や一人一人の個性を十分に考慮しながら，「知識・技能」や「思考・判断・表現」の観点の状況も踏まえた上で，評価を行う必要があります。

Ⅳ　学習指導要領における内容の表示

　国語と外国語は，観点別，領域別に内容を表示し，算数と理科は領域別に，社会については観点別，領域別に分けず，単純に学年別に内容を表示しています。これらの違いは教科性によるものです。これは，資質・能力の育成を目指して「目標に準拠した評価」をさらに進めるためでもあります。

Ⅴ　各教科の観点と領域

観点

教科	〜2019年度	2020年度〜
国語	国語への関心・意欲・態度	知識・技能
	話す・聞く能力	思考・判断・表現
	書く能力	主体的に学習に取り組む態度
	読む能力	
	言語についての知識・理解・技能	
算数	算数への関心・意欲・態度	知識・技能
	数学的な考え方	思考・判断・表現
	数量や図形についての技能	主体的に学習に取り組む態度
	数量や図形についての知識・理解	
理科	自然事象への関心・意欲・態度	知識・技能
	科学的な思考・表現	思考・判断・表現
	観察・実験の技能	主体的に学習に取り組む態度
	自然事象についての知識・理解	
社会	社会的事象への関心・意欲・態度	知識・技能
	社会的な思考・判断・表現	思考・判断・表現
	観察・資料活用の技能	主体的に学習に取り組む態度
	社会的事象についての知識・理解	
外国語（英語）		知識・技能
		思考・判断・表現
		主体的に学習に取り組む態度

領域

教科	〜2019年度	2020年度〜
国語	A　話すこと・聞くこと	A　話すこと・聞くこと
	B　書くこと	B　書くこと
	C　読むこと	C　読むこと
	伝統的な言語文化と国語の特質に関する事項	
算数	A　数と計算	A　数と計算
	B　量と測定	B　図形
	C　図形	C　測定（1〜3年）／変化と関係（4〜6年）
	D　数量関係	D　データの活用
理科	A　物資・エネルギー	A　物質・エネルギー
	B　生命・地球	B　生命・地球
社会		
外国語（英語）		聞くこと
		読むこと
		話すこと（やり取り）
		話すこと（発表）
		書くこと

単元一覧表　教出3年

3学期制	2学期制	月	単元名
1学期	前期	4	■しぜんを見よう
			1. 生き物を調べよう
			2. 植物を育てよう
		5	3. チョウを育てよう
		6	4. 風やゴムの力
		7	●葉を出したあと
2学期		9	5. こん虫の世界
			●花をさかせたあと
	後期	10	6. 太陽と地面
			7. 光
		11	8. 音
		12	9. ものの重さ
3学期		1	10. 電気の通り道
		2	11. じしゃく
		3	●作って遊ぼう

教出4年

3学期制	2学期制	月	単元名
1学期	前期	4	■星ざ
			1. 季節と生き物
		5	2. 天気による気温の変化
			3. 体のつくりと運動
		6	4. 電流のはたらき
		7	●夏と生き物
			●夏の星
2学期		9	5. 雨水と地面
			6. 月の位置の変化
		10	7. とじこめた空気や水
			●秋と生き物
		11	8. ものの温度と体積
			9 もののあたたまり方
		12	
3学期	後期	1	●冬の星
			●冬と生き物
			10. 水のすがたの変化
		2	11. 水のゆくえ
		3	●生き物の1年

教出 5 年

3 学期制	2 学期制	月	単元名
1学期	前期	4	■雨がとどける春
			1. 天気の変化
			2. 植物の発芽や成長
		5	
		6	3. メダカのたんじょう
		7	●花のつくり
			●台風に備えて
2学期		9	4. 花から実へ
			5. ふりこ
	後期	10	6. 流れる水と土地 / ●川と災害
		11	
		12	7. 電流が生み出す力
3学期		1	8. 人のたんじょう
			●受けつがれる生命
		2	9. もののとけ方
		3	

教出 6 年

3 学期制	2 学期制	月	単元名
1学期	前期	4	■生命のふるさと・地球
			1. ものの燃え方と空気
		5	2. 人や他の動物の体
		6	3. 植物の体
		7	
2学期		9	4. 生き物と食べ物・空気・水
			5. てこ
	後期	10	6. 土地のつくり / ●地震や火山と災害
		11	
		12	7. 月の見え方と太陽
3学期		1	8. 水溶液
		2	9. 電気の利用
		3	●人の生活と自然環境

小学校 教科書単元別

到達目標と評価規準

理科
教 3-6年

| 3年 | 教出 | 教科書：p.12〜21　配当時数：5時間　配当月：4月 |

1. 生き物を調べよう

内容の区分　B 生命・地球

関連する道徳の内容項目　D 生命の尊さ／自然愛護

到達目標

≫知識・技能

○生物の姿は，色，形，大きさなど，違うところと似ているところがあることがわかる。

○虫眼鏡の使い方がわかる。

○野外での観察方法を知り，安全に心がけて活動することができる。

≫思考・判断・表現

○校庭の植物や動物を観察して，気づいたことをわかりやすく発表できる。

≫主体的に学習に取り組む態度　※「主体的に学習に取り組む態度」は方向目標を示しています。

○校庭の植物や動物のようすに関心をもち，粘り強く観察しようとする。

評価規準

≫知識・技能

○生物には，いろいろな色や形，大きさがあることを理解している。

○生物には，その姿に差異点と共通点があることを理解している。

○屋外で植物や動物を安全に観察している。

○虫眼鏡を正しく安全に使っている。

○色，形，大きさなどに着目して観察した結果を記録している。

●対応する学習指導要領の項目：B(1) ア (ア)

≫思考・判断・表現

○校庭の植物や動物のようすを観察して，気づいたことを発表している。

○身の回りのいろいろな生物の色，形，大きさなどについて，差異点と共通点を言葉でわかりやすくまとめている。

●対応する学習指導要領の項目：B(1) イ

≫主体的に学習に取り組む態度

○校庭の生物のようすに関心をもって，積極的に観察しようとしている。

○生物に関心をもって，大切にしようとしている。

学習活動

小単元名	時数	学習活動	見方・考え方
○導入	1	○タンポポなどの植物のようすを見て，気づいたことを話し合う。 ・春の校庭や野原でタンポポなどの植物を探し，色や形，大きさに着目して調べたり写真を撮ったりする。 ・調べた植物のようすについて話し合い，問題を見つける。	共通性・多様性　比較
○生き物を調べよう	3	○身の回りの生き物について調べる。 ・身の回りの生き物について調べる方法を話し合い，計画する。 ・虫眼鏡の正しい使い方を理解する。 ・身の回りの植物や虫などを探して，色や形，大きさに着目して調べ，写真を撮る。 ・名前がわからない生き物は，図鑑で調べる。 ・観察した結果を話し合い，まとめる。 ・生き物は，種類によって，色，形，大きさなどの姿に違いがあることを導き出す。 ・アリとダンゴムシの姿を比較して，違いをたくさん見つける。	共通性・多様性　比較
○たしかめ	1	○身の回りの生き物の姿について学んだことを生かして問題を解く。	共通性・多様性 多面的に考える

3年

| 3年 | 教出 |

教科書：p.22〜37　配当時数：8時間　配当月：4〜5月

2. 植物を育てよう

内容の区分　B 生命・地球

関連する道徳の内容項目　D 生命の尊さ／自然愛護

到達目標

》知識・技能

○様々な植物の種子や子葉のようすを観察し，植物によって違いがあることがわかる。

○植物の成長のようすを観察し，植物によって葉の形や大きさなどに違いがあることがわかる。

○植物を観察して，その成長のようすをわかりやすく記録することができる。

○植物の子葉の特徴をとらえ，図と言葉でわかりやすく記録することができる。

○植物の栽培を通して，植物の体のつくりは葉，茎，根からできていることがわかる。

》思考・判断・表現

○植物の種子を観察して，気づいたことをわかりやすく発表できる。

○2種類の植物の成長のようすを観察して，気づいたことをわかりやすく発表できる。

○育てている植物を観察して，前に観察したときと比べて違っていることを見いだし，説明することができる。

》主体的に学習に取り組む態度　※「主体的に学習に取り組む態度」は方向目標を示しています。

○育てている植物の成長に関心をもち，粘り強く世話をしようとする。

評価規準

》知識・技能

○植物の種子や子葉には，色や形，大きさに違いがあることを理解している。

○育てている植物への水やりなど，適切に植物の世話をしている。

○植物の体は葉・茎・根からできていて，根は地中にあり，葉は茎についていることを理解している。

○植物の色，形，大きさ，数などに着目して観察した結果を，観察カードなどに的確に記録している。

●対応する学習指導要領の項目：B(1) ア (ウ)

》思考・判断・表現

○植物の種子や成長のようすを観察して，気づいたことを発表している。

○育てている植物の成長のようすについて調べ，前に観察したときと比べて違っていることを見いだし，図や言葉でわかりやすくまとめている。

○植物の体のつくりの差異点と共通点に気づき，それを適切に表現している。

●対応する学習指導要領の項目：B(1) イ

》主体的に学習に取り組む態度

○育てている植物の成長のようすに関心をもって，積極的に観察しようとしている。

○植物に関心をもって，大切にしようとしている。

関連する既習内容

学年		内容
3	年	身の回りの生物（身の回りの生物と環境との関わり）

学習活動

小単元名	時数	学習活動	見方・考え方
1. 植物の育ち①	2	○ホウセンカとヒマワリのたねを見て，疑問に思ったことや気づいたことを話し合う。 ・生活科で育てたアサガオなどのようすを振り返り，植物がどのように育っていくのかということに関心をもつ。 ・ホウセンカやヒマワリのたねのようすを観察し，観察カードに記録する。 ・たねを観察したことから話し合い，問題を見つける。 ・ホウセンカやヒマワリのたねのまき方を事前に確認し，それぞれの植物に合った方法でたねをまく。	共通性・多様性　比較
1. 植物の育ち②	2	○子葉を出したホウセンカやヒマワリを調べる。 ・子葉を出したホウセンカやヒマワリを，色や形，大きさに着目して観察し，カードに図や言葉で記録する。 ・ホウセンカやヒマワリの子葉は2枚で，葉も出てきていることを理解する。	共通性・多様性　比較
2. 植物の体のつくり	3	○ホウセンカやヒマワリの育ち方を，比較しながら観察する。 ・前回の観察のときのようすと比べながら観察し，話し合って問題を見つける。 ・ホウセンカやヒマワリをビニルポットから取り出し，体のつくりを観察して記録する。 ・ホウセンカやヒマワリの体は葉・茎・根からできていて，茎の下に根があり，葉は茎についていることを理解する。 ・ほかの植物についても調べてみる。 ・どの植物も，体のつくりは葉・茎・根からできていることを理解する。 ・オオバコの体のつくりについて，学習したことをもとに考える。	共通性・多様性　比較
○たしかめ	1	○植物の成長と体のつくりについて学んだことを生かして問題を解く。	共通性・多様性 多面的に考える

| 3年 | 教出 |

教科書：p.38〜53　配当時数：9時間　配当月：5〜6月

3. チョウを育てよう

内容の区分　B 生命・地球

関連する道徳の内容項目　D 生命の尊さ／自然愛護

到達目標

≫知識・技能
○チョウの成虫の体のつくりの特徴がわかる。
○チョウやトンボの育ち方を観察し，成長の変化をわかりやすく記録することができる。
○昆虫の育ち方を図鑑などで調べることができる。

≫思考・判断・表現
○チョウの成虫の体のつくりを観察して，気づいたことをわかりやすく発表できる。
○チョウとトンボの育ち方を観察して，前に観察したときと比べて違っていることを見いだし，説明することができる。
○チョウとトンボやバッタなどの育ち方を比べ，その差異点と共通点を導き出すことができる。

≫主体的に学習に取り組む態度　※「主体的に学習に取り組む態度」は方向目標を示しています。
○育てている昆虫の育ち方に関心をもち，粘り強く世話をしようとする。

評価規準

≫知識・技能
○チョウの成虫の体のつくりについて理解している。
○チョウとトンボやバッタの育ち方の差異点と共通点を理解している。
○チョウやトンボの育て方を調べ，適切に世話をしている。
○チョウの成虫の体のつくりについて観察した結果を，観察カードなどに正確に記録している。
○昆虫の成長のようすを正確に記録している。

●対応する学習指導要領の項目：B(1) ア (イ)

≫思考・判断・表現
○チョウの成虫の体のつくりを調べ，差異点や共通点について考察し，気づいたことを発表している。
○チョウとトンボやバッタの育ち方を比べ，その差異点と共通点を言葉でわかりやすくまとめている。
○育てている昆虫の成長のようすについて調べ，前に観察したときと比べて違っていることを見いだし，図や言葉でわかり
　やすくまとめている。

●対応する学習指導要領の項目：B(1) イ

≫主体的に学習に取り組む態度
○昆虫の育ち方について関心をもち，積極的に飼育，観察をしようとしている。
○昆虫に関心をもって，大切にしようとしている。

関連する既習内容

学年	内容
3 年	身の回りの生物 (身の回りの生物と環境との関わり)

学習活動

小単元名	時数	学習活動	見方・考え方
1. チョウの育ち方①	1	○モンシロチョウのたまごや，幼虫を見て，気づいたことを話し合う。 ・キャベツなどに産みつけられたモンシロチョウのたまごや幼虫を見て観察カードに記録する。 ・モンシロチョウのたまごや幼虫を観察して気づいたことを話し合い，問題を見つける。 ・チョウの飼育方法を調べる。	共通性・多様性 関係付け
1. チョウの育ち方②	2	○チョウの幼虫のようすを調べる。 ・チョウの幼虫のようすを，色，形，大きさ，動きに着目して調べ，観察カードにかく。 ・2回目以降の観察からは，前回の観察記録と比較した内容も記録する。 ・チョウの幼虫は，何度か皮を脱ぎ，大きくなることを理解する。 ・チョウがさなぎになるまで，世話をしながら観察をする。	共通性・多様性　比較
1. チョウの育ち方③	1	○チョウのさなぎのようすを調べる。 ・チョウのさなぎのようすを，色，形，大きさ，動きに着目して調べ，観察カードにかく。 ・チョウのさなぎは，幼虫と違い動かず何も食べないことを理解する。 ・チョウが成虫になるまで，世話をしながら観察をする。	共通性・多様性　比較
1. チョウの育ち方④	1	○チョウの成虫のようすを調べる。 ・チョウの成虫のようすを，色，形，大きさ，動きに着目して調べ，観察カードにかく。 ・チョウの成虫は，さなぎや幼虫と違う形をしていて飛び回ることを理解する。 ・チョウの成虫の体は，頭・胸・腹に分かれていて，あしが6本あることを理解する。 ・チョウのような体のつくりをした生き物を昆虫ということを理解する。	共通性・多様性　比較
1. チョウの育ち方⑤	1	○チョウのたまごから成虫までの育ち方をまとめる。 ・これまでに観察したチョウの育ち方を整理し，話し合ってまとめる。 ・観察結果から，チョウは，たまご→幼虫→さなぎ→成虫の順に育っていくことを理解する。	共通性・多様性　比較

| 2. こん虫の育ち方 | 2 | ○昆虫の育ち方を調べる。
・トンボの飼育方法を調べ，トンボの幼虫を育てる。
・トンボは，チョウと違って幼虫の後にさなぎにならないことを理解する。
・トンボ以外にさなぎにならない昆虫がいるのかどうかを考え，様々な昆虫の育ち方を予想したり，調べ方の計画を立てる。
・様々な昆虫の育ち方を，図鑑などで調べる。
・様々な昆虫の育ち方を調べた結果をもとに話し合う。
・チョウやカブトムシと，トンボやバッタの育ち方を比べ，その差異点と共通点をまとめる。
・トンボのほかにも，さなぎにならずに成虫になる昆虫がいることを導き出す。 | 共通性・多様性　比較 |
| ○たしかめ | 1 | ○昆虫の育ち方について学んだことを生かして問題を解く。 | 共通性・多様性
多面的に考える |

| 3年 | 教出 |

教科書：p.54～65　配当時数：9時間　配当月：6～7月

4. 風やゴムの力

| 内容の区分 | A 物質・エネルギー |

| 関連する道徳の内容項目 | C 伝統と文化の尊重，国や郷土を愛する態度　D 自然愛護 |

到達目標

≫知識・技能

○風やゴムの力は，物を動かすことができることがわかる。

○風やゴムの力の大きさと物の動く距離との関係についてわかる。

○風やゴムの力の大きさと物の動き方との関係を調べる実験を，安全に行うことができる。

○風やゴムの力の大きさを変えたときの物の動く距離の違いを，正確に記録することができる。

≫思考・判断・表現

○風やゴムの力の大きさを大きくしたときの物が動くようすについて，生活のなかで経験したことなどから予想を立てることができる。

○予想を確かめるための実験計画を立てることができる。

○風やゴムの力の大きさと物が動くようすを関係づけてとらえ，その関係を表や図にまとめることができる。

≫主体的に学習に取り組む態度　　※「主体的に学習に取り組む態度」は方向目標を示しています。

○風やゴムの力について粘り強く追究する活動を通して，物の動き方の変化には風やゴムの力の大きさが関係していることを知り，まとめようとする。

評価規準

≫知識・技能

○風やゴムの力は，物を動かすことができることを理解している。

○物の動く距離を調べて，その結果を適切に記録している。

○風やゴムの力で動く車を正しく扱い，安全に実験を行っている。

○ゴムを長く伸ばしたり，風の力を強くすると，物を動かす力が大きくなることを理解している。

●対応する学習指導要領の項目：A(2) ア (ア)(イ)

≫思考・判断・表現

○風やゴムの力の大きさと物が動くようすとの関係について，問題を見つけている。

○ゴムの伸びと物が動くようすとの関係を表や図に整理し，ゴムの伸びと物が動く距離との関係を考えている。

○立てた予想を発表したり，文章にまとめたりしている。

○友だちの意見を聞いて，自分の予想の妥当性について考えている。

○予想を確かめるための実験を計画している。

○ゴムの伸ばし方と物が動くようすを関係づけて考え，それを言葉でわかりやすく表現している。

○風やゴムの力の大きさを変える実験結果から，風やゴムの力の大きさを変えると物が動くようすも変わることを導き出している。

●対応する学習指導要領の項目：A(2) イ

≫主体的に学習に取り組む態度

○風やゴムの力の大きさと物が動くようすとの関係を調べる実験計画について，友だちとの話し合いを通して自らの考えを見直している。

○風やゴムの力の大きさと物が動くようすとの関係について問題を見つけ，自分なりの予想を立てて実験している。

○風やゴムの力の学習で，わかったこととまだわからないこと，できるようになったこととまだできないことが何かを，自分で考えている。

学習活動

小単元名	時数	学習活動	見方・考え方
1. 風の力	4	○風の力の大きさと物の動き方の変化との関係を調べる。 ・教科書 P.54，55 の風を受けて進む帆船や，風にたなびくこいのぼりの写真を見て，気づいたことを話し合う。 ・帆かけ車を作って走らせ，気づいたことを話し合って問題を見つける。 ・帆かけ車を走らせたときのようすから，風の力の大きさと物の動き方との関係について予想し，計画を立てる。 ・送風機の風の強さを変えて，帆かけ車の進み方を調べ，表や図にまとめる。 ・風の力の大きさと帆かけ車が動く距離を関係づけて考え，話し合う。 ・風が強いと物が動く距離は長く，風が弱いと物が動く距離は短いことを導き出す。 ・風の力は物を動かすことができ，風の力の大きさを変えると物の動き方が変わることを理解する。	量的・関係的　比較 関係付け
2. ゴムの力	4	○ゴムを伸ばす長さと物の動き方の変化との関係を調べる。 ・伸ばしたゴムのもとに戻ろうとする力が，ゴムの力だということを理解する。 ・ゴム車を作って走らせ，車の進む距離などのようすで気づいたことを話し合って問題を見つける。 ・ゴム車を走らせたときのようすから，ゴムを伸ばす長さと物の動き方の関係について予想し，計画を立てる。 ・ゴムを伸ばす長さを変えて，手応えやゴム車の進み方を比較しながら調べる。 ・ゴムを伸ばす長さとゴム車が動く距離を関係づけて考え，話し合う。 ・長くゴムを伸ばすと物が動く距離は長く，短くゴムを伸ばすと物が動く距離は短いことを導き出す。 ・ゴムの力は物を動かすことができ，ゴムを伸ばす長さを変えると物の動き方が変わることを理解する。	量的・関係的　比較 関係付け
○たしかめ	1	○風やゴムの力について学んだことを生かして問題を解く。	量的・関係的 多面的に考える

| 3年 | 教出 |

教科書：p.66〜73　配当時数：2時間　配当月：7月

― 植物を育てよう ―

● 葉を出したあと

内容の区分　B 生命・地球

関連する道徳の内容項目　B 親切，思いやり　D 生命の尊さ／自然愛護

到達目標

>>知識・技能

○植物の種類によって，茎の伸び方，花の色，葉の形や大きさなどが違っていることがわかる。

○育てている植物への水やりなど，継続して世話ができる。

○育ててきた植物が成長し，葉が増え，茎が伸びて，花が咲いているようすを記録することができる。

>>思考・判断・表現

○植物の成長のようすを観察して，気づいたことをわかりやすく発表できる。

○育てている植物を観察して，前に観察したときと比べて違っていることを見いだし，説明することができる。

>>主体的に学習に取り組む態度　※「主体的に学習に取り組む態度」は方向目標を示しています。

○育てている植物の成長に関心をもち，花が咲いたことを喜び，粘り強く世話をしようとする。

評価規準

>>知識・技能

○植物の高さや花の色，葉の形などは，植物によって違っていることを理解している。

○植物の高さや葉の数，花の色などを正確に記録している。

○育てている植物への水やりなど，適切に植物の世話をしている。

○植物の成長のようすをわかりやすく観察カードに記録している。

● 対応する学習指導要領の項目：B(1) ア (ウ)

>>思考・判断・表現

○植物を観察し，その姿や花を比較し，その違いについて表現している。

○植物の成長のようすや花を観察して，気づいたことを発表している。

○育てている植物の成長のようすについて調べ，前に観察したときと比べて違っていることを見いだし，図や言葉でわかりやすくまとめている。

● 対応する学習指導要領の項目：B(1) イ

>>主体的に学習に取り組む態度

○育てている植物の成長のようすに関心をもって，積極的に観察しようとしている。

○植物の草丈は，紙テープを使うなど，くふうしてはかろうとしている。

○植物に関心をもって，大切にしようとしている。

関連する既習内容

学年	内容
3 年	身の回りの生物 (身の回りの生物と環境との関わり，植物の成長と体のつくり)

学習活動

小単元名	時数	学習活動	見方・考え方
1. 大きく育つころ	1	○ホウセンカやヒマワリの成長のようすを観察する。 ・前回の観察のときのようすと比べながら観察し，話し合って問題を見つける。 ・大きく育ってきた植物のようすを，葉の色，形，大きさ，数，草丈に着目して観察し，観察カードに記録する。 ・ホウセンカやヒマワリは，以前と比べて草丈が伸び，葉の数が増えていることを導き出す。	共通性・多様性　比較
2. 花をさかせるころ	1	○ホウセンカやヒマワリの花を観察する。 ・前回の観察のときのようすと比べながら観察し，ホウセンカが花を咲かせていることから問題を見つける。 ・花を咲かせた植物のようすを，花や葉の色，形，大きさ，数，草丈に着目して観察し，観察カードに記録する。 ・ホウセンカやヒマワリは，以前と比べてさらに草丈が伸び，花が咲いていることを導き出す。 ・ホウセンカの花びらが落ちた後のふくらみに着目する。	共通性・多様性　比較

| 3年 | 教出 |

教科書：p.78〜91　配当時数：6時間　配当月：9月

5. こん虫の世界

内容の区分　B 生命・地球

関連する道徳の内容項目　D 生命の尊さ／自然愛護

到達目標

≫知識・技能
○昆虫の体のつくりの特徴がわかる。
○昆虫の体のつくりの特徴をとらえ，図と言葉でわかりやすく記録することができる。
○昆虫などの動物は，食べ物がある場所や隠れやすい場所などに多くいることがわかる。
○昆虫などの動物を見つけた場所やそのようすなどについて，正確に記録することができる。

≫思考・判断・表現
○昆虫の体のつくりを観察して，気づいたことをわかりやすく発表できる。
○動物のいる場所や動物のようすを観察して，気づいたことをわかりやすく発表できる。
○昆虫などの動物がいる場所とその動物の食べ物や生活との関係について考えることができる。

≫主体的に学習に取り組む態度　※「主体的に学習に取り組む態度」は方向目標を示しています。
○昆虫の体のつくりやすみかに関心をもち，粘り強く調べようとする。

評価規準

≫知識・技能
○昆虫の体のつくりについて理解している。
○昆虫の体のつくりについて観察した結果を，観察カードなどに的確に記録している。
○動物は，食べ物があったり隠れることができたりする場所にいることが多いことを理解している。
○動物のいる場所と食べ物について観察した結果を，観察カードなどに的確に記録している。
○動物は植物や地中をすみかにして，周りの環境と関わり合って生きていることを理解している。

● 対応する学習指導要領の項目：B(1) ア (ア)(イ)

≫思考・判断・表現
○昆虫の体のつくりを調べ，差異点や共通点について考察し，気づいたことを発表している。
○動物のいる場所と活動のようすとの関係について考察し，わかりやすく説明している。
○食べ物や活動のようすなどから，見つけた動物がなぜそこにいたかを考え，図や言葉でまとめている。

● 対応する学習指導要領の項目：B(1) イ

≫主体的に学習に取り組む態度
○動物のいる場所と活動のようすとの関係について関心をもち，積極的に観察をしようとしている。
○昆虫などの動物に関心をもって，大切にしようとしている。

関連する既習内容

学年	内容
3 年	身の回りの生物 (身の回りの生物と環境との関わり，昆虫の成長と体のつくり)

学習活動

小単元名	時数	学習活動	見方・考え方
1. こん虫の体のつくり	3	○昆虫の体のつくりを調べる。 ・校庭や野原などでバッタやトンボの成虫を探して捕まえる。 ・チョウのからだのつくりを調べたときを振り返り，バッタやトンボなどの体のつくりを予想し，調べ方の計画を立てる。 ・バッタやトンボなどの体のつくりを，チョウと比べながら調べる。 ・昆虫の体のつくりについて，観察したり調べたことをもとにまとめる。 ・バッタやトンボなどの体のつくりも，チョウと同じように頭・胸・腹に分かれていて，胸に6本のあしがあることを理解する。 ・体のつくりが異なるダンゴムシやクモは，昆虫ではないことを理解する。	共通性・多様性　比較
2. こん虫のいる場所や食べ物	2	○昆虫がいる場所や食べ物について調べる。 ・チョウがいる場所や食べ物について学習したことを振り返り，問題を見つける。 ・昆虫がいる場所や食べ物について予想し，調べ方の計画を立てる。 ・昆虫などの動物がいる場所や食べ物について，図鑑などで調べる。 ・調べた結果から話し合い，昆虫などの動物は，種類によっている場所や食べ物が違うことを導き出す。 ・昆虫などの動物は，植物の葉や蜜などを食べ，植物のある場所をすみかにしていて植物と関わり合っていることを理解する。	共通性・多様性　比較 関係付け
○たしかめ	1	○昆虫の体のつくりやすみかについて学んだことを生かして問題を解く。	共通性・多様性 多面的に考える

| 3年 | 教出 |

教科書：p.92〜99　配当時数：2時間　配当月：9月

— 植物を育てよう —
● 花をさかせたあと

内容の区分　B 生命・地球
関連する道徳の内容項目　D 生命の尊さ／自然愛護

到達目標

≫知識・技能
○植物は，花が咲いた後に実ができることがわかる。
○植物の種子をまいてから実がなるまでの，観察記録を整理することができる。

≫思考・判断・表現
○秋頃の植物のようすを観察して，気づいたことをわかりやすく発表できる。
○育てている植物を観察して，前に観察したときと比べて違っていることを見いだし，説明することができる。
○2種類の植物の成長の記録を整理し，比較して差異点や共通点をまとめることができる。

≫主体的に学習に取り組む態度　※「主体的に学習に取り組む態度」は方向目標を示しています。
○4月から育ててきた植物のようすに関心をもち，その育ち方を整理して粘り強くまとめようとする。
○4月から育ててきた植物を最後まで愛情をもって世話をしようとする。

評価規準

≫知識・技能
○植物は花が咲いた後に実ができ，枯れていくことを理解している。
○花が咲いた後の植物の変化や実のようすを正確に記録している。
○育てている植物への水やりなど，適切に植物の世話をしている。
○植物の成長のようすを，わかりやすく観察カードに記録している。
○4月から記録してきた観察カードを，植物の育ち方にそって整理している。

　　　　　　　　　　　　　　　　　　　　　　　　　　　——● 対応する学習指導要領の項目：B(1) ア (ウ)

≫思考・判断・表現
○2種類の植物の成長のようすが比較できるように，草丈をはかったテープを模造紙に貼ってまとめている。
○2種類の植物を観察し，実や枯れた姿を比較して違いについて表現している。
○2種類の植物のようすや実を観察して，気づいたことを発表している。
○育てている植物の秋頃のようすを調べ，前に観察したときと比べて違っていることを図や言葉でわかりやすくまとめている。

　　　　　　　　　　　　　　　　　　　　　　　　　　　——● 対応する学習指導要領の項目：B(1) イ

≫主体的に学習に取り組む態度
○花が咲いた後の植物のようすに関心をもって，積極的に観察しようとしている。
○植物に関心をもって，大切にしようとしている。

関連する既習内容

学年	内容
3 年	身の回りの生物 (身の回りの生物と環境との関わり，植物の成長と体のつくり)

学習活動

小単元名	時数	学習活動	見方・考え方
○花をさかせたあと	1	○秋頃のホウセンカやヒマワリのようすを観察する。 ・夏休み前と比べてどのように変化したのか観察し，気づいたことを話し合う。 ・花の後にできている実を，色，形，大きさ，実がついているようすに着目して観察し，記録する。	共通性・多様性　比較
○植物の育ち／○たしかめ	1	○4月から育てて観察してきたホウセンカやヒマワリの育ち方をまとめる。 ・植物ごとに，育ってきた順に観察カードをつなげて整理する。 ・植物は，たね→子葉が出る→草丈が伸びて葉が茂る→開花→結実→枯れるという順序で育つことを導き出す。 ・ホウセンカやヒマワリの育ち方を比較し，植物の育ち方には一定の順序があることを理解する。 ・学習したことをもとに，マリーゴールドやナスの育ち方を考える。 ・植物の成長と体のつくりについて学んだことを生かして問題を解く。	共通性・多様性　比較 多面的に考える

| 3年 | 教出 |

教科書：p.100〜119　配当時数：7時間　配当月：10月

6. 太陽と地面

内容の区分　B 生命・地球

関連する道徳の内容項目　C 伝統と文化の尊重，国や郷土を愛する態度

到達目標

≫知識・技能

○かげは日光を遮るとできることと，かげの位置は太陽の位置の変化に伴って変わることがわかる。

○太陽の位置が東の方から南の空を通って西の方へ変化することがわかる。

○日なたの地面の温度が日陰の地面に比べて高くなるのは，日光で地面があたためられるからだということがわかる。

○遮光板や方位磁針，温度計などを正しく扱うことができる。

○方位磁針を使って東西南北の方位を調べ，太陽の1日の位置の変化をとらえることができる。

○日なたと日陰の地面の温度について，正確に記録することができる。

≫思考・判断・表現

○日なたと日陰の地面の温度の違いを日光と関係づけて考察し，その考察した内容をわかりやすく表現することができる。

○予想を確かめるための実験計画を立てることができる。

○かげの位置の変化を観察し，かげの位置の変化を太陽の位置の変化と関係づけてとらえることができる。

≫主体的に学習に取り組む態度　※「主体的に学習に取り組む態度」は方向目標を示しています。

○かげと太陽の位置の変化について粘り強く追究する活動を通して，かげの位置の変化には太陽の位置の変化が関係していることを知り，まとめようとする。

評価規準

≫知識・技能

○人や物が日光を遮るとかげができることと，かげは太陽の反対側にできることを理解している。

○太陽は，東の方からのぼって南の空を通って西の方へ沈むことを理解している。

○かげの位置は太陽の位置の変化に伴って変わることを理解している。

○方位磁針を使って太陽の位置を調べ，正確に記録している。

○棒温度計などを使って，日なたと日陰の地面の温度を正確に測っている。

○日光で地面があたためられ，日なたの地面の温度が日陰の地面に比べて高くなることを理解している。

●対応する学習指導要領の項目：B(2) ア (ア)(イ)

≫思考・判断・表現

○校舎や木のかげを見て気づいたことから，問題を見つけている。

○日なたと日陰の地面の温度の違いと日光との関係について，これまでの経験などから予想を立てている。

○友だちの意見を聞いて，自分の予想の妥当性について考えている。

○予想を確かめるための観察を計画している。

○太陽の位置とかげの位置との関係，日光と地面のあたたかさとの関係について考察し，それを言葉でわかりやすく表現している。

○観察の結果から，かげの位置が変わるのは太陽の位置が変わるからであると考え，自分の言葉で表現している。

● 対応する学習指導要領の項目：B(2) イ

≫主体的に学習に取り組む態度

○かげの位置の変化と太陽の位置の変化との関係を調べる観察計画について，友だちとの話し合いを通して自らの考えを見直している。

○日なたと日陰の地面の温度の違いと日光との関係について問題を見つけ，自分なりの予想を立てて観察している。

○太陽と地面のようすの学習で，わかったこととまだわからないこと，できるようになったこととまだできないことが何かを，自分で考えている。

学習活動

小単元名	時数	学習活動	見方・考え方
1. かげと太陽①	2	○かげができる向きを調べる。 ・これまでの生活のなかで，ビーチパラソルなどで日差しを遮っているようすを振り返る。 ・晴れた日の校庭で，下敷きを使って地面にかげをつくる活動をして，物で太陽の光が遮られるとかげができることを理解する。 ・かげの中からは太陽が見えないことを理解する。 ・物で太陽の光が遮られてかげができることから問題を見つける。 ・かげができる向きについて予想し，調べ方の計画を立てる。 ・晴れた日の校庭で，遮光板を使ってかげの向きと太陽の向きを調べる。 ・かげは太陽の反対側にできることを理解する。 ・これまでに学習したことをもとに，教科書 P.106 の写真から太陽の見える向きを考える。	時間的・空間的 関係付け

1. かげと太陽②	2	○時間の経過によるかげの位置の変化を調べる。 ・時間がたつとかげの位置が変わっていることに気づき，問題を見つける。 ・時間がたつとかげの位置が変わるわけについて予想し，調べ方の計画を立てる。 ・午前10時にペットボトルのかげをなぞり，太陽の向きを調べる。 ・正午と午後2時にも同じようにして，かげの向きと太陽の向きを調べる。 ・かげの向きと太陽の向きを調べた結果から話し合い，かげの向きが変わるのは，太陽の向きが変わるからだということを導き出す。 ・太陽は，東の方からのぼり，南の高い空を通って西の方へ沈むことを理解する。 ・かげの向きは，いつも太陽の反対側にできることから，西の方から東の方へと変わることを理解する。	時間的・空間的　比較 関係付け
2. 日なたと日かげ①	1	○日なたと日陰の地面を比べる。 ・校庭に出て，日なたと日陰の地面を触り，明るさ，あたたかさ，湿り気を比べる。 ・日陰の地面に比べて日なたの地面はあたたかく，地面は乾いていることを理解し，問題を見つける。 ・日陰の地面に比べて日なたの地面があたたかいわけについて予想し，調べ方の計画を立てる。 ・もののあたたかさは温度で表すことができることと，温度計の使い方を理解する。	時間的・空間的　比較 関係付け
2. 日なたと日かげ②	1	○日なたと日陰の地面の温度の違いを調べる。 ・晴れた日の午前10時と正午に，温度計を使って日なたと日陰の地面の温度を測る。 ・日なたと日陰の地面の温度を測って比較し，日なたの方が日陰よりも地面の温度が高いわけについて話し合う。 ・日なたの地面の温度が日陰の地面より高くなるのは，太陽の光で地面があたためられるからだということを理解する。	時間的・空間的　比較 関係付け
○たしかめ	1	○太陽と地面のようすについて学んだことを生かして問題を解く。	時間的・空間的 多面的に考える

| 3年 | 教出 |

教科書：p.120〜131　配当時数：7時間　配当月：10〜11月

7. 光

内容の区分　A 物質・エネルギー

関連する道徳の内容項目　D 自然愛護

到達目標

≫知識・技能

○日光はまっすぐに進み，集めたり反射させたりできることがわかる。

○物に日光を当てると，物は明るく，あたたかくなることがわかる。

○日光を集めたところは，より明るく，よりあたたかくなることがわかる。

○複数の鏡で日光を集めたときの明るさやあたたかさの変化について，正確に記録することができる。

○虫眼鏡で日光を集めたときの明るさやあたたかさの変化を，比較して調べることができる。

≫思考・判断・表現

○日光の進み方について，生活のなかで経験したことなどから予想を立てることができる。

○予想を確かめるための実験計画を立てることができる。

○鏡に反射した日光がつくる道筋を，日光の進み方と関係づけて考えることができる。

≫主体的に学習に取り組む態度　※「主体的に学習に取り組む態度」は方向目標を示しています。

○光の性質について粘り強く追究する活動を通して，日光をたくさん集めると物はより明るくあたたかくなることを知り，まとめようとする。

評価規準

≫知識・技能

○日光はまっすぐに進み，日光が当たったところは，明るくあたたかくなることを理解している。

○日光は集めたり，鏡で反射させたりできることを理解している。

○日光を集めたときのあたたかさを調べ，正確に記録している。

○鏡や虫眼鏡を適切に扱い，安全に実験を行っている。

○鏡で反射した日光を集めたり，虫眼鏡で日光を集めたりしたとき，より明るく，よりあたたかくなることを理解している。

● 対応する学習指導要領の項目：A(3) ア (ア)(イ)

≫思考・判断・表現

○日光と明るさやあたたかさとの関係について考察し，その関係を自分の言葉で表現している。

○日光の進み方について問題を見つけ，的当て遊びをしたときの経験などから予想を立てている。

○日光と明るさやあたたかさとの関係を表に整理し，鏡の枚数と明るさやあたたかさの変化との関係を考えている。

○立てた予想を発表したり，文章にまとめたりしている。

○友だちの意見を聞いて，自分の予想の妥当性について考えている。

○予想を確かめるための実験を計画している。

○鏡の枚数を変える実験結果から，日光を集めるとより明るく，よりあたたかくなることを導き出している。

● 対応する学習指導要領の項目：A(3) イ

≫主体的に学習に取り組む態度

○日光の進み方を調べる実験計画について，友だちとの話し合いを通して自らの考えを見直している。

○日光と明るさやあたたかさとの関係について問題を見つけ，自分なりの予想を立てて実験している。

○光の性質の学習で，わかったこととまだわからないこと，できるようになったこととまだできないことが何かを，自分で考えている。

学習活動

小単元名	時数	学習活動	見方・考え方
1. 光の進み方	3	○光の進み方を調べる。 ・日陰にある壁に的を作って，鏡で反射させた日光を当てる的当て遊びをする。 ・的当て遊びで気づいたことを話し合い，問題を見つける。 ・的当て遊びをしたことや，これまでに生活のなかで経験したことから予想する。 ・調べる方法について話し合って考え，日光の進み方を調べる実験をする。 ・日光は鏡で反射させることができ，まっすぐに進むことを理解する。 ・これまでに学習したこともとに，教科書 P.124 の写真に写っている光がこのように見える理由を説明する。	量的・関係的　比較 関係付け
2. 光を重ねる・集める①	2	○日光を重ねて当てたところの明るさやあたたかさについて調べる。 ・的当て遊びで，鏡に反射した日光が重なって明るくなったところに着目し，問題を見つける。 ・的当て遊びをしたことや，これまでに学習したことから予想し，調べ方の計画を立てる。 ・反射した日光が重なって明るくなった場所の温度を調べる。 ・鏡を1枚，2枚，3枚と使って，反射させた日光を重ねる。 ・鏡を0枚から3枚まで使い，それぞれの温度を調べ，比べる。 ・鏡で反射させた日光をたくさん重ねるほど，よりあたたかくなることを導き出す。	量的・関係的　比較 関係付け
2. 光を重ねる・集める②	1	○日光を集めて当てたところの明るさやあたたかさについて調べる。 ・虫眼鏡で日光を集めることができることを知り，問題を見つける。 ・これまでに学習したことから予想し，調べ方の計画を立てる。 ・虫眼鏡を使い，安全に注意して日光を集める。 ・虫眼鏡で集めた日光を当てている紙と，虫眼鏡の距離を変化させて，大きさや明るさ，あたたかさを比べる。 ・虫眼鏡で集めた日光を当てたところは，明るく，あたたかくなることを理解する。 ・虫眼鏡で集めた日光の大きさが小さいとき，紙が焦げたり，より明るくなったりすることを理解する。	量的・関係的　比較 関係付け
○たしかめ	1	○光の性質について学んだことを生かして問題を解く。	量的・関係的 多面的に考える

3年

37

3年 教出　　　　　　　　　　　　教科書：p.132〜141　配当時数：4時間　配当月：11月

8. 音

内容の区分　A 物質・エネルギー

到達目標

》知識・技能
○音が出ているときは物が震えていることがわかる。
○音の大きさが変化すると物の震え方が変わることがわかる。
○音の大きさと物の震え方との関係を調べる実験を，安全に行うことができる。
○音の大きさを変えたときの物の震え方のようすの違いを，正確に記録することができる。

》思考・判断・表現
○音の大きさを変化させたときの物の震えるようすについて，生活のなかで経験したことなどから予想を立てることができる。
○予想を確かめるための実験計画を立てることができる。
○音の大きさと物の震え方のようすを関係づけてとらえ，その関係を表を使ってわかりやすくまとめることができる。

》主体的に学習に取り組む態度　※「主体的に学習に取り組む態度」は方向目標を示しています。
○音の性質について粘り強く追究する活動を通して，物の震え方の変化には音の大きさが関係していることを知り，まとめようとする。

評価規準

》知識・技能
○物が震えることで音が伝わることを理解している。
○音が大きいときは物の震え方が大きく，音が小さいときは物の震え方が小さいことを理解している。
○物の震え方の変化を調べて正確に記録している。
○楽器や身の回りの物を正しく扱い，音を出す実験を安全に行っている。

●対応する学習指導要領の項目：A(3) ア (ウ)

》思考・判断・表現
○楽器や身の回りの物で音を出して，問題を見つけている。
○音の大きさと物が震えるようすとの関係について，音楽の授業で太鼓を使ったときの経験などから予想を立てている。
○音の大きさと物が震えるようすとの関係を表に整理して，わかりやすく説明している。
○友だちの意見を聞いて，自分の予想の妥当性について考えている。
○予想を確かめるための実験を計画している。
○音の大きさを変える実験結果から，音の大きさを変えると物の震え方も変わることを導き出している。

●対応する学習指導要領の項目：A(3) イ

≫主体的に学習に取り組む態度

○音の大きさと物が震えるようすとの関係を調べる実験計画について，友だちとの話し合いを通して自らの考えを見直している。

○音の大きさと物が震えるようすとの関係について問題を見つけ，自分なりの予想を立てて実験している。

○音の性質の学習で，わかったこととまだわからないこと，できるようになったこととまだできないことが何かを，自分で考えている。

学習活動

小単元名	時数	学習活動	見方・考え方
1. 音が出ているとき	2	○音の大きさと物の震え方の関係を調べる。 ・これまでに音楽で太鼓などの楽器をたたいて音を出したり，手で触って音を止めたことを振り返り，気づいたことを話し合う。 ・缶を棒でたたいて音を出し，たたく強さを変えたときのようすで気づいたことを話し合い，問題を見つける。 ・物から音が出ているときは，物は震えていることを理解する。 ・音の大きさを変えると音が出ている物の震え方がどうなるのかを予想し，調べ方の計画を立てる。 ・音の大きさを変えて，物の震え方の変化に着目して調べる。 ・実験の結果から，音が大きいときは物の震えが大きく，音が小さいときは物の震えが小さいことを導き出す。 ・震えているように見えない物でも音を出しているときには震えているのかどうかを，スピーカーで調べる。	量的・関係的　比較 関係付け
2. 音がつたわるとき／ ○たしかめ	2	○物が震えることで音が伝わることを調べる。 ・糸電話を作って友だちと会話したときに気づいたことを話し合い，問題を見つける。 ・糸電話が音を伝えることを理解する。 ・糸電話で話す方の紙コップの震えが聞く方の紙コップまで伝わるのかどうかを予想し，調べ方の計画を立てる。 ・糸電話とビーズを使って，紙コップの震え方を調べる。 ・実験の結果から，糸電話では話す方の紙コップの震えが聞く方の紙コップまで伝わっていることを導き出す。 ・物が震えることで音が伝わることと，音が大きいときは物の震えも大きいことを理解する。 ・音の性質について学んだことを生かして問題を解く。	量的・関係的　比較 関係付け 多面的に考える

3年　教出　　　　　　　　　　　　　教科書：p.144～153　配当時数：7時間　配当月：12月

9. ものの重さ

内容の区分　A 物質・エネルギー

到達目標

≫知識・技能

○物は，形が変わっても重さが変わらないことがわかる。

○物は，体積が同じでも種類が違うと重さが違うことがわかる。

○物の種類による重さの違いを調べる実験を，安全に行うことができる。

○物の形を変えたときの重さを，正確に記録することができる。

≫思考・判断・表現

○物の形を変えたときの重さについて，生活のなかで経験したことなどから予想を立てることができる。

○予想を確かめるための実験計画を立てることができる。

○物の種類と重さとの関係を調べる実験の結果をわかりやすくまとめることができる。

≫主体的に学習に取り組む態度　※「主体的に学習に取り組む態度」は方向目標を示しています。

○物の重さについて粘り強く追究する活動を通して，物は形が変わっても重さは変わらないことを知り，まとめようとする。

評価規準

≫知識・技能

○物の形を変えても，物の重さは変わらないことを理解している。

○同体積でも，物の種類が違うと重さも変わることを理解している。

○実験の結果を，表に整理してわかりやすく記録している。

○はかりを正しく扱い，物の重さを正確にはかっている。

　　　　　　　　　　　　　　　　　　　　● 対応する学習指導要領の項目：A(1) ア (ア)(イ)

≫思考・判断・表現

○物の形と重さとの関係や，物の種類と重さとの関係について考察し，その考察内容をわかりやすく表現している。

○物の形と重さとの関係について，形を変えた粘土を両手に持って比べたことから予想を立てている。

○立てた予想を発表したり，文章にまとめたりしている。

○友だちの意見を聞いて，自分の予想の妥当性について考えている。

○予想を確かめるための実験を計画している。

○種類の違う同体積の物の重さを調べる実験結果から，体積が同じでも種類が違うと重さが違うことを導き出している。

　　　　　　　　　　　　　　　　　　　　● 対応する学習指導要領の項目：A(1) イ

≫主体的に学習に取り組む態度

○物の形を変えたときの重さを調べる実験計画について，友だちとの話し合いを通して自らの考えを見直している。

○物の種類とその重さとの関係について問題を見つけ，自分なりの予想を立てて実験している。

○物の重さの学習で，わかったこととまだわからないこと，できるようになったこととまだできないことが何かを，自分で考えている。

学習活動

小単元名	時数	学習活動	見方・考え方
1. 形をかえたものの重さ	3	○物の形を変えると，重さがどうなるのかを調べる。 ・形を変えていない粘土と形を変えた粘土を手に持ち，重さを比べて感じたことから問題を見つける。 ・形を変えると重さがどうなるのかを予想し，はかりを使って調べる方法を計画する。 ・はかりの使い方を理解する。 ・粘土や新聞紙の形を変えたり，小さく分けたりして，その重さを比べる。 ・実験から，物は形を変えても重さは変わらないことを導き出す。 ・ペットボトルの重さを，潰す前と潰した後で比較する。	質的・実体的　比較 関係付け
2. 体積が同じものの重さ	3	○種類が違う同じ体積の物の重さを調べる。 ・同じ体積で種類がわからない物の重さをてんびんを使って比べ，気づいたことを話し合って問題を見つける。 ・物の大きさのことを体積ということを理解する。 ・同じ体積で種類が違う物の重さについて予想し，はかりを使って調べる方法を計画する。 ・同じ体積で種類が違う物をはかりを利用してはかる。 ・実験から，物は体積が同じでも，種類が違うと重さが違うことを導き出す。 ・同じ体積の砂糖と塩の重さを比べる。	質的・実体的　比較
○たしかめ	1	○物の重さについて学んだことを生かして問題を解く。	質的・実体的 多面的に考える

| 3年 | 教出 |

教科書：p.154〜169　配当時数：10 時間　配当月：1〜2 月

10. 電気の通り道

| 内容の区分 | A 物質・エネルギー |

| 関連する道徳の内容項目 | D 自然愛護 |

到達目標

≫知識・技能

○電気の通り道が 1 つの輪のようになっているときに電気が通るということがわかる。

○金属は電気を通すことがわかる。

○電気の回路を正しく作ることができる。

○電気を通す物と通さない物を調べる実験を，安全に行うことができる。

○電気を通す物と通さない物があることを，回路を使った実験を通して調べ，正確に分類することができる。

≫思考・判断・表現

○電気を通す物と通さない物について，これまでの学習や経験などから予想を立てることができる。

○豆電球に明かりがつくときとつかないときを比較して，それらの違いが電気の通り道に関係していると考えることができる。

○豆電球に明かりがつくかどうかということと回路を関係づけてとらえ，その関係を表を使ってわかりやすくまとめることができる。

≫主体的に学習に取り組む態度　※「主体的に学習に取り組む態度」は方向目標を示しています。

○電気の通り道について粘り強く追究する活動を通して，金属は電気を通すことを知り，まとめようとする。

評価規準

≫知識・技能

○回路についてわかり，金属が電気を通すことを理解している。

○豆電球と乾電池，導線を正しくつないでいる。

○乾電池や豆電球，ソケットなどを正しく扱い，安全に実験を行っている。

○豆電球に明かりのつく回路を調べ，その回路を図でわかりやすく記録している。

●対応する学習指導要領の項目：A(5) ア (ア)(イ)

≫思考・判断・表現

○身の回りで使われている電気について，問題を見つけている。

○電気を通す物と通さない物について，これまでの学習や経験などから予想を立てている。

○立てた予想を発表したり，文章にまとめたりしている。

○友だちの意見を聞いて，自分の予想の妥当性について考えている。

○豆電球に明かりがつくかどうかということと回路を関係づけて考え，それを言葉でわかりやすく表現している。

○電気を通す物の共通点や電気を通す物と通さない物の差異点に気づき，電気を通す物についてまとめている。

●対応する学習指導要領の項目：A(5) イ

≫主体的に学習に取り組む態度

○どのような物が電気を通すのかということに関心をもって調べ，見いだしたことを生活に生かそうとしている。

○電気を通す物と通さない物を調べる実験で，積極的に調べたり，結果を粘り強く分類・整理している。

○電気の通り道の学習で，わかったこととまだわからないこと，できるようになったこととまだできないことが何かを，自分で考えている。

学習活動

小単元名	時数	学習活動	見方・考え方
1. 明かりがつくつなぎ方	5	○豆電球に明かりがつくつなぎ方を調べる。 ・身の回りで使われている明かりについて気づいたことを話し合い，問題を見つける。 ・乾電池と豆電球をどのように導線でつなげば明かりがつくのかを予想し，カードにそのつなぎ方をかく。 ・自分が予想したつなぎ方で乾電池と豆電球をつないで，結果をカードに記録する。 ・明かりがついたつなぎ方と，明かりがつかなかったつなぎ方を分けて考察する。 ・乾電池の＋極と－極に導線をつなぐと，豆電球に明かりがつくことを導き出す。 ・電気の通り道が1つの輪のようになっているときに電気が通るということを理解する。 ・輪のようになっている電気の通り道を回路ということを理解する。	量的・関係的　比較 関係付け
2. 電気を通すもの・通さないもの①	3	○電気を通す物と通さない物を調べる。 ・回路の途中にクリップやものさしをつないで，明かりがつく・つかないの違いがあったことから問題を見つける。 ・電気を通す物を予想し，回路の途中につなぐものを決めて，電気を通すかどうか調べる。 ・実験結果から，電気を通す物と通さない物に分けて考察する。 ・鉄，銅，アルミニウムは，電気を通す物だと理解する。 ・ガラス，プラスチック，紙，木などは，電気を通さない物だと理解する。 ・実験の結果より，金属は電気を通すことを導き出す。	量的・関係的　比較 関係付け
2. 電気を通すもの・通さないもの②	1	○缶に電気を通す方法を調べる。 ・鉄でできているスチール缶を回路の途中につないでも電気が通らなかったことから，問題を見つける。 ・スチール缶に電気を通す方法を予想し，調べ方の計画を立てる。 ・スチール缶の表面を削って，電気を通すかどうか調べる。 ・缶には電気を通さないものが塗ってあり，それを削れば電気を通すことを理解する。	量的・関係的　比較 関係付け
○たしかめ	1	○電気の通り道について学んだことを生かして問題を解く。	量的・関係的 多面的に考える

| 3年 | 教出 |

教科書：p.170～189　配当時数：10 時間　配当月：2～3 月

11. じしゃく

内容の区分　A 物質・エネルギー

関連する道徳の内容項目　C 勤労，公共の精神／国際理解，国際親善

到達目標

≫知識・技能

○鉄は磁石に引きつけられることがわかる。

○磁石と鉄との間が離れていても，磁石は鉄を引きつけることがわかる。

○磁石に極があることと，磁石の極性がわかる。

○鉄は磁石に近づけると磁石のはたらきをもつようになることがわかる。

○鉄くぎや砂鉄などを適切に扱い，磁石に近づけた鉄が磁石になるのかどうかを調べる実験を安全に行うことができる。

○磁石と鉄の距離を変えたときの磁石の鉄を引きつける力の変化を，正確に記録することができる。

≫思考・判断・表現

○磁石に引きつけられる物と引きつけられない物について，生活のなかで経験したことなどから，予想を立てることができる。

○磁石に引きつけられる物と引きつけられない物を比較して，それらの違いを材質と関係づけて考えることができる。

○間に下敷きなどをはさんでも磁石が鉄を引きつけることから，磁石と鉄が離れていても鉄を引きつける力がはたらいていると考えることができる。

○磁石の同極どうし，異極どうしを近づけたときのようすを，言葉でわかりやすくまとめることができる。

≫主体的に学習に取り組む態度　※「主体的に学習に取り組む態度」は方向目標を示しています。

○磁石の性質について粘り強く追究する活動を通して，磁石の鉄を引きつける力には磁石と鉄との距離が関係していることを知り，まとめようとする。

評価規準

≫知識・技能

○磁石は鉄を引きつけることと，磁石には N 極と S 極があることを理解している。

○磁石と鉄との間に磁石に引きつけられない下敷きなどをはさんでも，磁石は鉄を引きつけることを理解している。

○磁石の異極どうしは引き合い，同極どうしは退け合うことを理解している。

○実験の結果をわかりやすく記録している。

○磁石の極性を調べ，その結果を正確に記録している。

○棒磁石や方位磁針を正しく扱い，安全に実験を行っている。

●対応する学習指導要領の項目：A(4) ア (ア)(イ)

44

》》思考・判断・表現

○磁石に引きつけられる物の共通点や引きつけられない物との差異点について考察し，問題を解決している。

○磁石に引きつけられる物と引きつけられない物について，磁石を使ったときの経験などから予想を立てている。

○立てた予想を発表したり，文章にまとめたりしている。

○友だちの意見を聞いて，自分の予想の妥当性について考えている。

○磁石が鉄を引きつける力の変化をノートに整理し，磁石と鉄との距離に着目して考えている。

○磁石の極どうしを近づける実験で，同極どうしか異極どうしかを関係づけて考え，それを言葉でわかりやすく表現している。

→ 対応する学習指導要領の項目：A(4) イ

》》主体的に学習に取り組む態度

○磁石に引きつけられる物と引きつけられない物について問題を見つけ，自分なりの予想を立てて実験している。

○磁石の性質の学習で，わかったこととまだわからないこと，できるようになったこととまだできないことが何かを，自分で考えている。

3年

関連する既習内容

学年		内容
3	年	電気の通り道

学習活動

小単元名	時数	学習活動	見方・考え方
1. じしゃくにつくもの・つかないもの	3	○磁石につく物とつかない物を調べる。 ・身の回りの磁石を使っている物を探したり，磁石を使った魚釣りゲームをして，気づいたことを話し合って問題を見つける。 ・魚釣りゲームをしたときのようすや，電気の通り道で学んだことから磁石につく物について予想し，予想した物を磁石に近づけて調べる。 ・磁石につく物とつかない物に分類して整理し，考察する。 ・鉄でできている物は，磁石につくことを導き出す。 ・物には，磁石につく物とつかない物があることを理解する。 ・同じ金属でも，アルミニウムや銅は磁石につかないことを理解する。	量的・関係的　比較 関係付け
2. じしゃくと鉄①	2	○磁石と鉄の距離と，磁石が鉄を引きつける力との関係を調べる。 ・はさみの持つ部分はプラスチックで覆われているのに磁石がつくことから，問題を見つける。 ・磁石の力は離れていてもはたらくかどうかを予想し，調べる。 ・実験から，磁石は離れていても鉄を引きつけることを導き出す。 ・実験から，磁石と鉄の距離が近くなると引きつける力は強くなり，遠くなると引きつける力は弱くなることを理解する。	量的・関係的　比較 関係付け

45

2. じしゃくと鉄②	1	○磁石につけた鉄が磁石になるのかを調べる。	量的・関係的　比較
		・磁石に引きつけられたクリップにつながってつくクリップがある 　ことから，問題を見つける。	関係付け
		・磁石に引きつけられた鉄が磁石になっているかどうかを予想し， 　クリップを使って調べる。	
		・砂鉄やほかのクリップを使って，クリップが磁石になっているの 　かどうかを確認する。	
		・実験から，磁石につけた鉄は，磁石になることを導き出す。	
3. じしゃくのきょく	3	○磁石の極性を調べる。	量的・関係的　比較
		・棒磁石の両端は鉄を引きつける力が強く，この部分を極というこ 　とを理解する。	関係付け
		・極にはN極とS極があることを理解する。	
		・2本の棒磁石の極どうしを近づけたときのようすを予想し，調 　べる。	
		・実験から，同極どうしの場合は退け合うことと，異極どうしの場 　合は引きつけ合うことを導き出す。	
		・磁石を動きやすいようにすると，N極は北を，S極は南をさすこと 　と，方位磁針はその性質を利用していることを理解する。	
○たしかめ	1	○磁石の性質について学んだことを生かして問題を解く。	量的・関係的 多面的に考える

MEMO

| 4年 | 教出 | 教科書：p.10〜23　配当時数：8時間　配当月：4月 |

1. 季節と生き物

内容の区分　B 生命・地球

関連する道徳の内容項目　D 生命の尊さ／自然愛護

到達目標

≫知識・技能

○春になり，いろいろな動物や植物が見られるようになったことがわかる。

○校庭などの屋外で生物を安全に観察することができる。

○動物や植物のようすを適切に観察カードに記録することができる。

≫思考・判断・表現

○生物と季節との関係について，今までの経験などから根拠のある予想や仮説を立てることができる。

○予想や仮説を確かめるため，1年を通した観察計画を立てることができる。

○春の動物や植物のようすを観察して，気づいたことをわかりやすく発表できる。

≫主体的に学習に取り組む態度　　※「主体的に学習に取り組む態度」は方向目標を示しています。

○春の生物のようすに関心をもち，粘り強く観察しようとする。

評価規準

≫知識・技能

　○春になり，ナナホシテントウやツバメなどの動物が盛んに活動したり，サクラが咲いたりすることを理解している。

　○気温の測り方を理解している。

　○虫眼鏡やデジタルカメラなど，観察するための道具を適切に取り扱っている。

　○屋外で動物や植物を安全に観察している。

　○観察カードのかき方を理解し，観察した生物のようすを正確に記録している。

　　　　　　　　　　　　　　　　　　　　　　　　　　●対応する学習指導要領の項目：B(2) ア (ア)(イ)

≫思考・判断・表現

　○生物のようすと気温を関連づけて考え，言葉でわかりやすく表現している。

　○立てた予想を発表したり，文章にまとめたりしている。

　○予想を確かめるための観察を計画している。

　○春の動物や植物のようすを観察して，気づいたことや不思議に思ったことなどを発表している。

　　　　　　　　　　　　　　　　　　　　　　　　　　　　　　●対応する学習指導要領の項目：B(2) イ

≫ 主体的に学習に取り組む態度

○春の生物のようすに関心をもって，積極的に観察しようとしている。

○生物と季節との関係を調べる観察計画について，友だちとの話し合いを通して自らの考えを見直している。

○春の生物のようすの学習で，わかったこととまだわからないこと，できるようになったこととまだできないことが何かを，自分で考えている。

○生物に関心をもって，大切にしようとしている。

関連する既習内容

学年		内容
3	年	身の回りの生物

学習活動

小単元名	時数	学習活動	見方・考え方
1.1 年間の計画を立てよう	3	○春の生物を観察して，季節による生物の変化のようすを調べる観察計画を立てる。 ・屋外に出て春の生物のようすを観察し，様々な花や動物が見られるようになったことを理解する。 ・気温の測り方を理解する。 ・観察カードのかき方を理解する。 ・季節による生物のようすの変化について，観察した間に変化したサクラや昆虫のようすに着目して根拠のある予想を立てる。 ・自分の予想を確かめるために，調べる生物 (動物と植物) を決める。 ・1 年を通して生物のようすを調べる観察計画を立てる。	共通性・多様性　比較 多面的に考える
2. 季節と生き物について調べていこう①	2	○1 年を通して観察することに決めた植物の春のようすを観察する。 ・サクラのようすを観察し，観察カードに記録する。 ・ビニルポットの土にヘチマなどのたねをまく。 ・ヘチマなどの成長のようすを定期的に観察し，観察カードに記録する。 ・葉が 3，4 枚程になったら，花だんなどに植え替える。	共通性・多様性　比較 関係付け
2. 季節と生き物について調べていこう②	2	○1 年を通して観察することに決めた動物の春のようすを観察する。 ・昆虫や鳥などの活動のようすを観察し，観察カードに記録する。	共通性・多様性　比較 関係付け
○記録を整理しよう	1	○春の生物を観察した記録を整理する。 ・生物のようすが季節とどのように関係しているのかを調べるため，春に観察した記録を整理してまとめておく。 ・これから生物が変わっていくようすを予想する。	共通性・多様性　比較 関係付け

| 4年 | 教出 |

教科書：p.24〜37　配当時数：5時間　配当月：5月

2. 天気による気温の変化

内容の区分　B 生命・地球

到達目標

≫知識・技能

○1日の気温の変化の仕方は，天気によって違いがあることがわかる。

○晴れの日は1日の気温の変化が大きく，曇りや雨の日の気温の変化は小さいことがわかる。

○気温を正しく測り，その変化を表に記録することができる。

≫思考・判断・表現

○天気と気温との関係について，今までの経験などから根拠のある予想や仮説を立てることができる。

○予想や仮説を確かめるための観察計画を立てることができる。

○1日の気温の変化を天気と関係づけてとらえ，晴れの日と曇りや雨の日の1日の気温の変化について，折れ線グラフを使ってわかりやすくまとめることができる。

≫主体的に学習に取り組む態度　　※「主体的に学習に取り組む態度」は方向目標を示しています。

○天気と気温について粘り強く追究する活動を通して，1日の気温の変化には天気が関係していることを知り，天気による1日の気温の変化の違いをまとめようとする。

評価規準

≫知識・技能

○天気によって，1日の気温の変化の仕方に違いがあることを理解している。

○晴れ，曇り，雨の日の1日の気温の変化の特徴を理解している。

○温度計や百葉箱などを利用して，気温を正しく測っている。

○晴れ，曇り，雨の日の1日の気温の変化を，表や折れ線グラフに記録している。

● 対応する学習指導要領の項目：B(4) ア (ア)

≫思考・判断・表現

○天気と気温との関係について問題を見つけ，根拠のある予想や仮説を立てている。

○1日の気温の変化と天気を関係づけて考え，わかりやすく表や折れ線グラフなどに表している。

○立てた予想を発表したり，文章にまとめたりしている。

○友だちの意見を聞いて，自分の予想の妥当性について考えている。

○予想を確かめるための観察を計画している。

○1日の気温の変化について，観察した結果をもとに発表し合い，天気と1日の気温の変化との関係について多面的に考察している。

○考察から，晴れの日は1日の気温の変化が大きく，曇りや雨の日は1日の気温の変化が小さいことを導き出している。

● 対応する学習指導要領の項目：B(4) イ

≫主体的に学習に取り組む態度

○天気と気温の関係について問題を見つけ，根拠のある予想・仮説を立てて観察している。

○天気と気温との関係を調べる観察計画について，友だちとの話し合いを通して自らの考えを見直している。

○天気と気温の学習で，わかったこととまだわからないこと，できるようになったこととまだできないことが何かを，自分で考えている。

関連する既習内容

学年	内容
3 年	太陽と地面の様子

学習活動

小単元名	時数	学習活動	見方・考え方
1. 晴れの日の気温の変化	2	○晴れの日の1日の気温の変化を調べる。 ・教科書P.24，25の2枚の写真の時刻と温度に着目して気づいたことを話し合い，問題を見つける。 ・晴れの日の朝から午後にかけての気温の変化を予想し，調べ方の計画を立てる。 ・晴れの日の午前9時〜午後3時頃まで1時間おきに気温を測り，表に記録する。 ・晴れの日の気温は，朝から午後2時頃まで気温が上がり，その後下がっていくことを理解する。	時間的・空間的　比較
2. 天気による気温の変化のちがい	2	○曇りの日の1日の気温の変化を調べ，晴れの日と比べる。 ・曇りの日の朝から午後にかけての気温の変化を予想し，調べ方の計画を立てる。 ・晴れの日と同じように気温を測り，表に記録する。 ・折れ線グラフのかき方と見方を理解し，晴れの日と曇りの日の気温をそれぞれ折れ線グラフに表す。 ・曇りの日と晴れの日の気温の変化を比べ，気づいたことを話し合う。 ・天気によって，1日の気温の変化に違いがあることを導き出す。 ・晴れの日の方が，曇りの日よりも1日の気温の変化が大きいことを理解する。 ・雨の日は，曇りや晴れの日よりも1日の気温の変化が小さいことと，気温が低くなることが多いことを理解する。 ・これまでに調べた天気による気温の変化の違いがほかの日でも同じかどうか，自記温度計の記録で確かめる。	時間的・空間的　比較
○たしかめ	1	○天気と気温について学んだことを生かして問題を解く。	時間的・空間的 多面的に考える

4年	教出

教科書：p.38〜49　配当時数：5時間　配当月：5〜6月

3. 体のつくりと運動

内容の区分　B 生命・地球

関連する道徳の内容項目　D 生命の尊さ／自然愛護

到達目標

≫知識・技能

○人の体には，全身にたくさんの骨と筋肉があることがわかる。

○人の体は，骨と筋肉のはたらきによって，関節のところで体を曲げたり，いろいろな動きができたりすることがわかる。

○人体骨格模型などを利用して，人やほかの動物の体のつくりと動き方を調べることができる。

≫思考・判断・表現

○骨や筋肉のつくりと体の動き方との関係について，今までの経験などから根拠のある予想や仮説を立てることができる。

○人の骨や筋肉のつくりと体の動き方を関係づけてとらえ，模型を使ったり言葉でまとめるなどして，わかりやすく説明することができる。

○動物の体のつくりを骨と筋肉に着目して観察し，図や言葉でまとめることができる。

≫主体的に学習に取り組む態度　※「主体的に学習に取り組む態度」は方向目標を示しています。

○人の体のつくりと運動について粘り強く追究する活動を通して，体のつくりと動き方には関係があることを知り，まとめようとする。

評価規準

≫知識・技能

○人の骨や筋肉のつくりと体の動き方との関係を理解している。

○人体骨格模型などを適切に利用して，体のつくりや動きを調べている。

○骨と骨のつなぎ目で体が曲がることと，その部分を関節ということを理解している。

○人の体には，たくさんの骨と筋肉があることを理解している。

○骨や筋肉のつくりを調べ，ノートに正確に記録している。

●対応する学習指導要領の項目：B(1) ア (ア)(イ)

≫思考・判断・表現

○体のつくりと動きを関係づけて考え，その関係を図や言葉などでわかりやすく表現している。

○立てた予想を発表したり，文章にまとめたりしている。

○友だちの意見を聞いて，自分の予想の妥当性について考えている。

○予想を確かめるための観察を計画している。

○体のつくりについて観察した結果をもとに発表し合い，骨や筋肉のつくりと体の動き方との関係について多面的に考察している。

○考察から，人が体を動かすことができるのは，骨や筋肉のはたらきによることを導き出している。

●対応する学習指導要領の項目：B(1) イ

≫主体的に学習に取り組む態度

○骨と筋肉のつくりに関心をもって，積極的に調べたり観察したりしようとしている。

○骨や筋肉のつくりと体の動き方との関係について問題を見つけ，根拠のある予想・仮説を立てて観察し，観察した結果から自分の考えをまとめている。

○人の体のつくりと運動の学習で，わかったこととまだわからないこと，できるようになったこととまだできないことが何かを，自分で考えている。

関連する既習内容

学年		内容
3	年	身の回りの生物

学習活動

小単元名	時数	学習活動	見方・考え方
1. 体の曲がるところ	2	○体の曲がるところと曲がらないところについて調べる。 ・運動をしているときに体の様々なところを曲げたり伸ばしていることに着目して，問題を見つける。 ・体の中のかたい部分は骨であることを理解する。 ・腕や足の曲がるところと曲がらないところの骨のつくりを予想し，調べ方の計画を立てる。 ・人体骨格模型を観察し，体の曲がるところと曲がらないところの骨のつくりを調べ，記録カードに記入する。 ・観察した結果から考察する。 ・腕や足の曲がるところは骨と骨のつなぎ目で，曲がらないところにはかたい骨があることを導き出す。 ・骨と骨のつなぎ目で体が曲がることと，その部分を関節ということを理解する。	共通性・多様性　比較 関係付け
2. きん肉のはたらき	2	○腕や足の動きと筋肉の動きとの関係を調べる。 ・人がどのようにして体を動かしているのかについて話し合い，問題を見つける。 ・腕や足の動きと筋肉の動きとの関係を予想し，問題を見つける。 ・腕や足の動きと筋肉の動きとの関係を予想し，調べ方の計画を立てる。 ・教科書 P.45 を参考に，腕や足を曲げたり伸ばしたりして，筋肉の動きを調べる。 ・観察した結果から考察する。 ・筋肉を縮めたり緩めたりすることで，腕や足を曲げたり伸ばしたりできることを理解する。 ・腕や足が曲がるときには，曲げようとする側の筋肉が縮み反対側の筋肉が緩むことを理解する。	共通性・多様性　比較 関係付け

| ○人以外の動物の体の
つくり／○たしかめ | 1 | ○人以外の動物の体のつくりを理解する。
・人以外の動物も，筋肉を縮めたり緩めたりして体を動かしていることを理解する。
・人以外の動物も，関節で体を曲げたり伸ばしたりしていることを理解する。
・人の体のつくりと運動について学んだことを生かして問題を解く。 | 共通性・多様性　比較
関係付け
多面的に考える |

| 4年 | 教出 |
教科書：p.50〜65　配当時数：12 時間　配当月：6〜7 月

4. 電流のはたらき

| 内容の区分 | A 物質・エネルギー

| 関連する道徳の内容項目 | D 自然愛護

到達目標

≫知識・技能

○電流，直列つなぎ，並列つなぎについてわかる。

○乾電池の向きを変えると，電流の向きが変わることがわかる。

○乾電池の数やつなぎ方を変えると，電流の大きさが変わることがわかる。

○回路を正しく作ることができ，乾電池や簡易検流計を使った実験を安全に行うことができる。

≫思考・判断・表現

○乾電池の向きと電流の向きの関係について，乾電池で動く車を走らせた経験から，根拠のある予想や仮説を立てることができる。

○予想や仮説を確かめるための観察計画を立てることができる。

○複数の実験の結果から論理的に思考し，結論を導き出すことができる。

○乾電池の向きと電流の向きとを関係づけてとらえ，その関係を図や言葉などでわかりやすくまとめることができる。

≫主体的に学習に取り組む態度　※「主体的に学習に取り組む態度」は方向目標を示しています。

○電流のはたらきについて粘り強く追究する活動を通して，電流の大きさには乾電池のつなぎ方が関係していることを知り，まとめようとする。

評価規準

≫知識・技能

○電気の流れのことを電流ということを理解している。

○2 つの乾電池のつなぎ方には，直列つなぎと並列つなぎがあることを理解している。

○簡易検流計の使い方を理解している。

○2 つの乾電池を正しくつないで，電流の実験を安全に行っている。

○乾電池の向きを変えると電流の向きが変わり，モーターの回転が逆になることを理解している。

○乾電池の数やつなぎ方を変えると電流の大きさが変わり，モーターの回転の速さが変わることを理解している。

●対応する学習指導要領の項目：A(3) ア (ア)

≫思考・判断・表現

○乾電池のつなぎ方と電流の大きさとの関係について，乾電池で動く車を走らせた経験から，根拠のある予想や仮説を立てている。

○立てた予想を発表したり，文章にまとめたりしている。

○友だちの意見を聞いて，自分の予想の妥当性について考えている。

○予想を確かめるための実験を計画している。

○乾電池の向きを変える実験結果から，乾電池の向きを変えると電流の向きも変わることを導き出している。

○回路に流れる電流の大きさとモーターの回る速さを関係づけて考え，それを図や言葉でわかりやすく表現している。

○乾電池，スイッチ，電池，モーターなどの電気用図記号を知り，その記号を使って回路を図に表している。

──────────────── ● 対応する学習指導要領の項目：A(3) イ

≫主体的に学習に取り組む態度

○乾電池の向きと電流の向きとの関係を調べる実験計画について，友だちとの話し合いを通して自らの考えを見直している。

○乾電池のつなぎ方と電流の大きさとの関係について問題を見つけ，根拠のある予想・仮説を立てて実験し，結果から自分の考えをまとめている。

○電流のはたらきの学習で，わかったこととまだわからないこと，できるようになったこととまだできないことが何かを，自分で考えている。

関連する既習内容

学年		内容
3	年	磁石の性質
3	年	電気の通り道

学習活動

小単元名	時数	学習活動	見方・考え方
1. かん電池とモーター	4	○乾電池の向きと電流の向きには関係があるのかどうか調べる。 ・身の回りの電気で動くものは，中に入っているモーターが電気のはたらきで回ることでいろいろな動きをしていることを理解する。 ・電気のはたらきでモーターが回るプロペラカーを作って走らせ，前に進む車と後ろに進む車があることから問題を見つける。 ・電気の流れのことを電流ということを理解する。 ・乾電池の向きと電流の向きとの関係を予想し，調べ方の計画を立てる。 ・簡易検流計の使い方を理解する。 ・簡易検流計を使って，乾電池の向きと電流の向きの関係を調べる。 ・実験から，乾電池の向きを変えると，電流の向きも変わることを導き出す。 ・電流は，乾電池の＋極からモーターを通って−極へ流れることを理解する。	量的・関係的　比較 関係付け

56

2.かん電池のつなぎ方 ①	2	○乾電池のつなぎ方と電流の大きさとの関係を調べる。 ・乾電池の数を2個に増やして，速く走らせるために自分で考えた乾電池のつなぎ方でプロペラカーを走らせる。 ・乾電池2個をつないだプロペラカーの中に，乾電池1個のときよりも速く走るものと，同じ速さで走るものがあることについて話し合う。 ・乾電池1個をつないだプロペラカーよりも速く走った乾電池のつなぎ方を，直列つなぎということを理解する。 ・乾電池1個をつないだプロペラカーと同じ速さで走った乾電池のつなぎ方を，並列つなぎということを理解する。	量的・関係的　比較 関係付け　条件制御
2.かん電池のつなぎ方 ②	3	○2個の乾電池のつなぎ方と，モーターを流れる電流の大きさとの関係を調べる。 ・直列つなぎと並列つなぎで乾電池の数は同じなのに，モーターの回る速さに違いがあることに着目して問題を見つける。 ・簡易検流計を使って，乾電池のつなぎ方と電流の大きさとの関係を調べる。 ・実験の結果から，乾電池2個の直列つなぎでは1個のときよりも電流が大きくなることを導き出す。 ・実験の結果から，乾電池2個の並列つなぎでは1個のときと電流の大きさがあまり変わらないことを導き出す。	量的・関係的　比較 関係付け
○かん電池を使ったものづくり	2	○これまでに学習したことを利用して，道具やおもちゃを作る。 ・乾電池のつなぎ方によって電流の大きさや向きが変わる性質を利用した道具やおもちゃを考え，計画書をかいて作る。	量的・関係的 多面的に考える
○たしかめ	1	○電流のはたらきについて学んだことを生かして問題を解く。	量的・関係的 多面的に考える

4年

4年　教出

教科書：p.66〜75　配当時数：6時間　配当月：7月

── 季節と生き物 ──
 夏と生き物

内容の区分　B 生命・地球
関連する道徳の内容項目　D 生命の尊さ／自然愛護

到達目標

≫知識・技能
○春と夏の生物のようすの違いがわかる。
○校庭などの屋外で生物を安全に観察することができる。
○夏の動物や植物のようすを，観察カードに記録することができる。
○春から夏にかけての動物や植物のようすの変化と気温の変化との関係がわかる。

≫思考・判断・表現
○夏の生物と気温との関係について，今までの経験などから根拠のある予想や仮説を立てることができる。
○動物や植物のようすを観察して，暑くなったことと生物のようすの変化を関係づけて考えることができる。
○サクラやヘチマなどの成長や，動物などの種類や数を観察し，春と比較してその変化を気温と関係づけてとらえ，言葉やグラフなどでまとめることができる。

≫主体的に学習に取り組む態度　※「主体的に学習に取り組む態度」は方向目標を示しています。
○夏の生物のようすについて粘り強く追究する活動を通して，夏の生物のようすには春よりも気温が上がり暑くなったことが関係していることを知り，まとめようとする。

評価規準

≫知識・技能
○夏になって動物の活動が盛んになったり，植物が大きく成長したりするのは，春よりも気温が上がったことと関係していることを理解している。
○夏の生物のようすを安全に観察し，観察カードに正確に記録している。

──●対応する学習指導要領の項目：B(2) ア (ア)(イ)

≫思考・判断・表現
○夏の動物や植物のようすと気温を関係づけて考え，図や言葉などでわかりやすく表現している。
○立てた予想を発表したり，文章にまとめたりしている。
○友だちの意見を聞いて，自分の予想の妥当性について考えている。
○予想を確かめるための観察を計画している。
○夏の生物のようすについて観察した結果をもとに発表し合い，夏の生物のようすと気温の変化との関係について多面的に考察している。
○考察から，春に比べて気温が上がって暑くなり，動物の種類や数が増えたり，植物が大きく成長したりしていることを導き出している。

──●対応する学習指導要領の項目：B(2) イ

≫主体的に学習に取り組む態度

○夏の生物のようすに関心をもって，積極的に観察しようとしている。

○夏の生物と気温との関係について問題を見つけ，根拠のある予想・仮説を立てて観察している。

○夏の生物のようすの学習で，わかったこととまだわからないこと，できるようになったこととまだできないことが何かを，
　自分で考えている。

○生物に関心をもって，大切にしようとしている。

関連する既習内容

学年		内容
3	年	身の回りの生物
4	年	季節と生物 (春)

学習活動

小単元名	時数	学習活動	見方・考え方
○夏と生き物①	2	○夏の植物のようすと気温との関係について調べる。 ・夏のサクラを春のサクラのようすと比較しながら観察する。 ・夏になって，サクラは枝が伸びたり葉が茂ったりしていることを理解する。 ・ヘチマがどのように変わっているか予想し，観察する。 ・ヘチマの観察の記録と気温の記録を関係づけて考察する。 ・夏にヘチマの茎が伸びたり葉の数が増えたりして成長しているのは，気温が上がったことと関係していることを理解する。 ・この後，ヘチマはつぼみができ，花が咲くことを理解する。	共通性・多様性　比較 関係付け
○夏と生き物②	3	○夏の動物のようすと気温との関係について調べる。 ・春に観察した昆虫や鳥などの活動のようすを振り返って問題を見つける。 ・夏の昆虫や鳥などの活動のようすを予想し，調べ方の計画を立てる。 ・昆虫や鳥がいそうな場所で活動のようすを観察し，観察カードに記録する。 ・昆虫や鳥などの活動のようすと気温を関係づけて考察する。 ・夏に昆虫の活動が盛んになり見られる種類や数が増えるのは，春よりも気温が上がったことと関係していることを理解する。 ・夏にツバメは子が巣立って，春に比べると数が増えていることを理解する。	共通性・多様性　比較 関係付け
○記録を整理しよう	1	○夏の生物を観察した記録を整理する。 ・生物のようすが季節とどのように関係しているのかを調べるため，夏に観察した記録を整理してまとめておく。 ・これから生物が変わっていくようすを予想する。	共通性・多様性　比較 関係付け

| 4年 | 教出 |

教科書：p.76〜81　配当時数：2時間　配当月：7月

● 夏の星

内容の区分　B 生命・地球

到達目標

≫知識・技能

○星によって明るさや色に違いがあることがわかる。

○星座早見を使って，夏の大三角のアルタイル，デネブ，ベガ，さそり座のアンタレスを見つけることができる。

○夜，おとなと一緒に，安全に星を観察することができる。

≫思考・判断・表現

○夏の星を明るさや色に着目しながら観察して，気づいたことをわかりやすく発表できる。

≫主体的に学習に取り組む態度　※「主体的に学習に取り組む態度」は方向目標を示しています。

○星の明るさや色について粘り強く追究する活動を通して，星には明るさや色に違いがあることを知り，まとめようとする。

評価規準

≫知識・技能

○夏に見られる星や星座がわかり，星によって明るさや色に違いがあることを理解している。

○星座早見を正しく使って，星を探している。

○野外で星を観察する際に注意すべきことを理解している。

● 対応する学習指導要領の項目：B(5) ア (イ)

≫思考・判断・表現

○星の明るさや色について問題を見つけ，根拠のある予想や仮説を立てている。

○星の明るさや色について調べたことを，言葉や図などを使ってわかりやすく表現している。

● 対応する学習指導要領の項目：B(5) イ

≫主体的に学習に取り組む態度

○夏に見られる星や星座に興味をもち，進んで観察したり調べたりしている。

関連する既習内容

学年		内容
3	年	太陽と地面の様子 (日陰の位置と太陽の位置の変化)

学習活動

小単元名	時数	学習活動	見方・考え方
○夏の星	2	○星の明るさや色の違いについて調べる。 ・夏の大三角のアルタイル，デネブ，ベガ，さそり座のアンタレスの写真を見て，明るさや色に着目して比べ，気づいたことから問題を見つける。 ・星の明るさや色について予想し，調べ方の計画を立てる。 ・星座早見の使い方を理解する。 ・夜，星座早見を使って夏の大三角や，さそり座を見つけ，星の明るさや色に着目して観察する。 ・星は，明るさや色に違いがあることを理解する。 ・星は明るい順に，1等星，2等星，3等星…と呼ばれていることを理解する。 ・アルタイル，デネブ，ベガ，アンタレスはどれも1等星であることを理解する。 ・アンタレスは赤っぽい色，夏の大三角の3つの星は白っぽい色をしていることを理解する。	時間的・空間的　比較

| 4年 | 教出 |

教科書：p.86～97　配当時数：5時間　配当月：9月

5. 雨水と地面

内容の区分　B 生命・地球

関連する道徳の内容項目　C 勤労，公共の精神

到達目標

≫知識・技能
○水は，高い場所から低い場所へと流れることがわかる。

○水の染み込み方は，土の粒の大きさによって違うことがわかる。

○土の粒の大きさの違いによる水の染み込み方を調べる実験を適切に行い，その結果を記録することができる。

≫思考・判断・表現
○雨水の流れ方や染み込み方について，これまでの学習や経験から，根拠のある予想や仮説を立てることができる。

○予想や仮説を確かめるための実験計画を立てることができる。

○雨水の流れる方向と地面の傾きを関係づけてとらえ，その関係を図や言葉でまとめることができる。

≫主体的に学習に取り組む態度　※「主体的に学習に取り組む態度」は方向目標を示しています。
○雨水のゆくえと地面のようすについて粘り強く追究する活動を通して，水は土の粒の大きさによって染み込み方が違うことを知り，まとめようとする。

評価規準

≫知識・技能
○水は高い場所から低い場所へと流れて集まることを理解している。

○水の染み込み方は，土の粒の大きさによって違いがあることを理解している。

○土の粒の大きさの違いによる水の染み込み方を調べる実験を適切に行い，その結果を正確に記録している。

　　　　　　　　　　　　　　　　　　　　　　　● 対応する学習指導要領の項目：B(3) ア (ア)(イ)

≫思考・判断・表現
○水の染み込み方と土の粒の大きさの違いを関係づけてとらえ，その関係を言葉でわかりやすく表現している。

○立てた予想を発表したり，文章にまとめたりしている。

○友だちの意見を聞いて，自分の予想の妥当性について考えている。

○予想を確かめるための実験を計画している。

○地面の傾きを調べる実験結果から，水は高い場所から低い場所へと流れていることを導き出している。

　　　　　　　　　　　　　　　　　　　　　　　　　　　● 対応する学習指導要領の項目：B(3) イ

≫主体的に学習に取り組む態度
○水の染み込み方について問題を見つけ，根拠のある予想・仮説を立てて実験している。

○雨水のゆくえと地面のようすの学習で，わかったこととまだわからないこと，できるようになったこととまだできないことが何かを，自分で考えている。

学習活動

小単元名	時数	学習活動	見方・考え方
1. 地面にしみこむ雨水	3	○雨水の染み込み方を調べる。 ・教科書 P.86 の雨の日の校庭の写真で，運動場には水たまりができ，砂場にはできていないことを知る。 ・運動場の土と砂場の砂に水を注いで染み込み方の速さを比べたり，運動場の土と砂場の砂の粒の大きさを比べたりして，問題を見つける。 ・水の染み込み方は，土の粒の大きさによって違うのか予想し，調べ方の計画を立てる。 ・粒の大きさの違う土や砂，砂利を使って，水の染み込み方を調べる。 ・実験した結果から，水は土の粒が大きいと速く染み込み，粒が小さいとゆっくりと染み込むことを導き出す。	時間的・空間的　比較 関係付け
2. 地面を流れる雨水／ ○たしかめ	2	○雨水の流れ方を調べる。 ・雨が降ったときの校庭の地面のようすを振り返り，雨水の流れ方を予想する。 ・校庭の雨水が流れたあとが見られるところで，地面の傾きを調べる。 ・雨水は高い所から低い所へと流れて集まることを導き出す。 ・雨水のゆくえと地面のようすについて学んだことを生かして問題を解く。	時間的・空間的 関係付け 多面的に考える

| 4年 | 教出 |

教科書：p.98〜111　配当時数：4時間　配当月：9月

6. 月の位置の変化

内容の区分　B 生命・地球

関連する道徳の内容項目　A 希望と勇気，努力と強い意志　C 伝統と文化の尊重，国や郷土を愛する態度／国際理解，国際親善

到達目標

≫知識・技能

○月は，日によって見える形が変化することや，時刻によって位置が変わることがわかる。

○月を適切な方法で安全に観察し，記録することができる。

≫思考・判断・表現

○月の位置の変化について，これまでの学習や経験から，根拠のある予想や仮説を立てることができる。

○予想や仮説を確かめるための観察計画を立てることができる。

○月の位置の変化を時間の経過と関係づけてとらえ，図や言葉でわかりやすくまとめることができる。

≫主体的に学習に取り組む態度　※「主体的に学習に取り組む態度」は方向目標を示しています。

○月の位置の変化について粘り強く追究する活動を通して，月は1日のうちでも時刻によって位置が変わることを知り，まとめようとする。

評価規準

≫知識・技能

○月は，日によって見える形が変わることや，1日のうちでも時刻によって位置が変わることを理解している。

○方位磁針を使った月の方位の調べ方や，こぶしを使った月の高さの調べ方が正しくできている。

○時刻を変えたときも同じ場所で月の動きを適切に観察し，正確に記録している。

● 対応する学習指導要領の項目：B(5) ア (ア)

≫思考・判断・表現

○時間の経過と月の見える位置を関係づけてとらえ，図や言葉でわかりやすく表現している。

○月の位置の変化を調べる観察について，3年生で太陽の位置を調べた経験などから，根拠のある予想や仮説を立てている。

○立てた予想を発表したり，文章にまとめたりしている。

○友だちの意見を聞いて，自分の予想の妥当性について考えている。

○予想を確かめるための観察を計画している。

○時間の経過に伴う月の位置を調べる観察結果から，時刻によって月の位置が変化することを導き出している。

● 対応する学習指導要領の項目：B(5) イ

≫主体的に学習に取り組む態度

○月の位置の変化を調べる観察計画について，友だちとの話し合いを通して自らの考えを見直している。

○時間の経過に伴う半月の位置の変化から問題を見つけ，満月についても根拠のある予想・仮説を立てて観察している。

○月の位置の変化の学習で，わかったこととまだわからないこと，できるようになったこととまだできないことが何かを，自分で考えている。

関連する既習内容

学年		内容
3	年	太陽と地面の様子 (日陰の位置と太陽の位置の変化)
4	年	月と星 (星の明るさ, 色)

学習活動

小単元名	時数	学習活動	見方・考え方
○月の位置の変化①	1	○時間の経過による半月の位置の変化を調べる。 ・午後に東の空に見える半月を, その位置に着目して観察し, 問題を見つける。 ・時間がたったときの半月の位置の変化について予想し, 調べ方の計画を立てる。 ・月の方位や月の高さの調べ方を理解する。 ・午後に半月が見えるとき, 30分おきに3回, 同じ場所で半月を観察し, 記録する。 ・観察結果から, 東の空に見える半月は, 時間がたつと太陽と同じように高くなりながら南の方へと位置が変わることを導き出す。	時間的・空間的　比較 関係付け
○月の位置の変化②	1	○時間の経過による満月の位置の変化を調べる。 ・夕方に東の空に見える満月を, その位置に着目して観察し, 問題を見つける。 ・これまでに学んだことや半月の観察結果などから, 時間がたったときの満月の位置の変化について予想する。 ・午後7時と午後8時の2回, 東の空に見える満月を, その位置に着目して観察し, 記録する。 ・満月を観察した結果と, 先に観察した半月の結果から, 考察する。 ・考察から, 東の空に見える満月は, 時間がたつと太陽や半月と同じように高くなりながら南の方へと位置が変わることを導き出す。	時間的・空間的　比較 関係付け
○月の位置の変化③	1	○時間の経過による月の位置の変化をまとめる。 ・半月や満月の位置の変化について調べたことをもとに話し合い, 考察する。 ・月は, 日によって見える形が変わることを理解する。 ・月は, 太陽と同じように, 東の方からのぼって, 南の高い空を通って西の方へ沈むことを理解する。	時間的・空間的　比較 関係付け
○たしかめ	1	○月の位置の変化について学んだことを生かして問題を解く。	時間的・空間的 多面的に考える

| 4年 | 教出 |

教科書：p.112〜123　配当時数：7時間　配当月：10月

7. とじこめた空気や水

内容の区分　A 物質・エネルギー

到達目標

≫知識・技能

○空気はおし縮められるが，水はおし縮められないことがわかる。

○閉じ込めた空気や水をおしたときのようすを調べる実験を安全に行うことができる。

○閉じ込めた空気や水をおしたときの体積と手応えを調べる実験の結果を，適切に記録することができる。

≫思考・判断・表現

○閉じ込めた空気や水をおす実験について，これまでの学習や経験から，根拠のある予想や仮説を立てることができる。

○予想や仮説を確かめるための実験計画を立てることができる。

○閉じ込めた空気をおしたときの体積の変化と手応えの大きさを関係づけてとらえ，その関係を図や言葉でわかりやすくまとめることができる。

≫主体的に学習に取り組む態度　※「主体的に学習に取り組む態度」は方向目標を示しています。

○空気と水の性質について粘り強く追究する活動を通して，空気はおし縮めることができるが，水はおし縮めることができないことを知り，まとめようとする。

評価規準

≫知識・技能

○閉じ込めた空気をおすと空気の体積は小さくなることと，体積が小さくなれば手応えが大きくなることを理解している。

○閉じ込めた水はおし縮められないことを理解している。

○閉じ込めた空気や水をおし縮める実験を安全に行い，その結果を正確に記録している。

●対応する学習指導要領の項目：A(1) ア (ア)(イ)

≫思考・判断・表現

○閉じ込めた空気をおしたときの体積の変化と手応えから，問題を見つけている。

○閉じ込めた空気や水をおす実験について，空気鉄砲に空気や水を入れて前玉を飛ばした経験から，根拠のある予想や仮説を立てている。

○友だちの意見を聞いて，自分の予想の妥当性について考えている。

○予想を確かめるための実験を計画している。

○閉じ込めた空気をおしたときの注射器の中の空気のようすを考え，図に表している。

○閉じ込めた空気に加える力の大きさと手応えの大きさを関係づけてとらえ，言葉でわかりやすく表現している。

○閉じ込めた空気や水をおし縮める実験結果から，空気はおし縮められるが，水はおし縮められないことを導き出している。

●対応する学習指導要領の項目：A(1) イ

≫主体的に学習に取り組む態度

○閉じ込めた空気に力を加える実験計画について，友だちとの話し合いを通して自らの考えを見直している。

○空気と水の性質の学習で，わかったこととまだわからないこと，できるようになったこととまだできないことが何かを，自分で考えている。

学習活動

小単元名	時数	学習活動	見方・考え方
○とじこめた空気や水①	3	○空気鉄砲に閉じ込めた空気や水に力を加え，違いを調べる。 ・空気鉄砲の筒に空気や水を閉じ込め，玉を飛ばしてみたときのようすから問題を見つける。 ・空気鉄砲の筒に閉じ込めた空気や水に力を加えたときのようすを予想し，調べ方の計画を立てる。 ・空気鉄砲の筒に閉じ込めた空気や水に力を加え，ようすを調べる。 ・実験結果から，閉じ込めた空気に力を加えると体積が小さくなるが，閉じ込めた水に力を加えても体積は変わらないことを理解する。	質的・実体的　比較 関係付け
○とじこめた空気や水②	3	○閉じ込めた空気に力を加えたときの，空気の体積や手応えについて調べる。 ・閉じ込めた空気をおしたときのようすや手応えなどを振り返って予想し，実験の計画を立てる。 ・注射器の中に閉じ込めた空気をおして，力の加え方の強弱による空気の体積や手応えについて調べる。 ・注射器の中に閉じ込めた空気をおした後，ピストンから手を離したときのようすを調べ，記録する。 ・閉じ込めた空気をおすと体積が小さくなることと，体積が小さくなると手応えが大きくなることを導き出す。 ・空気鉄砲は，おし縮められた空気がもとに戻ろうとする力を利用していることを理解する。	質的・実体的　比較 関係付け
○たしかめ	1	○空気と水の性質について学んだことを生かして問題を解く。	質的・実体的 多面的に考える

4年

4年　教出　　　教科書：p.124〜135　配当時数：5時間　配当月：10月

— 季節と生き物 —
秋と生き物

内容の区分　B 生命・地球

関連する道徳の内容項目　D 生命の尊さ／自然愛護

到達目標

≫知識・技能
○夏と秋の生物のようすの違いがわかる。
○校庭などの屋外で生物を安全に観察することができる。
○秋の動物や植物のようすを，観察カードに記録することができる。
○夏から秋にかけての動物や植物のようすの変化と気温の変化との関係がわかる。

≫思考・判断・表現
○秋の生物と気温との関係について，今までの経験などから根拠のある予想や仮説を立てることができる。
○動物や植物のようすを観察して，すずしくなってきたことと生物のようすの変化を関係づけて考えることができる。
○サクラやヘチマなどのようすや，動物などのようすを観察し，夏と比較してその変化を気温と関係づけてとらえ，言葉やグラフなどでまとめることができる。

≫主体的に学習に取り組む態度　※「主体的に学習に取り組む態度」は方向目標を示しています。
○秋の生物のようすについて粘り強く追究する活動を通して，秋の生物のようすには夏よりも気温が下がりすずしくなったことが関係していることを知り，まとめようとする。

評価規準

≫知識・技能
○秋になって動物の活動が鈍くなったり，植物は葉の色が変わったり葉が落ちたりするのは，夏よりも気温が下がったことと関係していることを理解している。
○秋の生物のようすを安全に観察している。
○秋の生物のようすを観察カードに正確に記録している。

　　　　　　　　　　　　　　　　　　　　　　　　　　　　　　　　　●対応する学習指導要領の項目：B(2) ア (ア)(イ)

≫思考・判断・表現
○秋の動物や植物のようすと気温とを関係づけて考え，図や言葉などでわかりやすく表現している。
○立てた予想を発表したり，文章にまとめたりしている。
○友だちの意見を聞いて，自分の予想の妥当性について考えている。
○予想を確かめるための観察を計画している。
○秋の生物のようすについて，観察した結果をもとに発表し合い，秋の生物のようすと気温の変化との関係について多面的に考察している。
○考察から，夏に比べて気温が下がってすずしくなり，動物はたまごを産んだり，植物は実が大きくなっていることを導き出している。

　　　　　　　　　　　　　　　　　　　　　　　　　　　　　　　　　●対応する学習指導要領の項目：B(2) イ

≫主体的に学習に取り組む態度

○秋の生物のようすに関心をもって，積極的に観察しようとしている。

○秋の生物と気温との関係について問題を見つけ，根拠のある予想・仮説を立てて観察している。

○秋の生物のようすの学習で，わかったこととまだわからないこと，できるようになったこととまだできないことが何かを，自分で考えている。

○生物に関心をもって，大切にしようとしている。

関連する既習内容

学年		内容
3	年	身の回りの生物
4	年	季節と生物 (春〜夏)

学習活動

小単元名	時数	学習活動	見方・考え方
○秋と生き物①	2	○秋の植物のようすと気温との関係について調べる。 ・秋のサクラを夏のサクラのようすと比較しながら観察する。 ・秋になって，サクラは葉の色が黄色くなったり葉を落としたり，枝の先に小さな芽があることを理解する。 ・ヘチマがどのように変わっているか予想し，観察する。 ・ヘチマの観察の記録と気温の記録を関係づけて考察する。 ・秋にヘチマの茎が伸びなくなったり実が大きくなったりしているのは，夏よりも気温が下がったことと関係していることを理解する。	共通性・多様性　比較 関係付け
○秋と生き物②	2	○秋の動物のようすと気温との関係について調べる。 ・夏に観察した昆虫や鳥などの活動のようすを振り返って問題を見つける。 ・秋の昆虫や鳥などの活動のようすを予想し，調べ方の計画を立てる。 ・昆虫や鳥がいそうな場所で活動のようすを観察し，観察カードに記録する。 ・昆虫や鳥などの活動のようすと気温を関係づけて考察する。 ・秋に昆虫が産卵したり，見られる種類が違っているのは，夏よりも気温が下がったことと関係していることを理解する。 ・夏に見られたツバメは見られなくなり，カモなどが見られるようになったことを理解する。	共通性・多様性　比較 関係付け
○記録を整理しよう／ ○深まる秋と生き物	1	○秋の生物を観察した記録を整理し，秋が深まったときの生物のようすを知る。 ・生物のようすが季節とどのように関係しているのかを調べるため，秋に観察した記録を整理してまとめておく。 ・秋が深まったときの生物のようすを理解する。	共通性・多様性　比較 関係付け

| 4年 | 教出 |

教科書：p.140〜155　配当時数：8時間　配当月：11月

8. ものの温度と体積

内容の区分　A 物質・エネルギー

到達目標

≫知識・技能

○空気，水，金属は，あたためたり冷やしたりすると体積が変化することがわかる。

○あたためたり冷やしたりしたときの体積の変化が大きいのは，空気，水，金属の順であることがわかる。

○物の温度と体積との関係を調べる実験を安全に行い，その結果を記録することができる。

≫思考・判断・表現

○物の温度と体積との関係について，今までの経験などから根拠のある予想や仮説を立てることができる。

○物の温度と体積を関係づけてとらえ，その関係を図や言葉でわかりやすくまとめることができる。

≫主体的に学習に取り組む態度　※「主体的に学習に取り組む態度」は方向目標を示しています。

○物の温度と体積について粘り強く追究する活動を通して，物の温度と体積の変化には関係があることを知り，まとめようとする。

評価規準

≫知識・技能

○空気，水，金属は，あたためると体積が大きくなり，冷やすと体積が小さくなることを理解している。

○温度変化による体積の変化が大きいのは，空気，水，金属の順であることを理解している。

○実験用ガスこんろなどの実験器具を適切に扱い，安全に実験している。

○実験の結果を，図や言葉で正確に記録している。

●対応する学習指導要領の項目：A(2) ア (ア)

≫思考・判断・表現

○物の温度と体積を関係づけて考え，その関係を図や言葉などでわかりやすく表現している。

○立てた予想を発表したり，文章にまとめたりしている。

○友だちの意見を聞いて，自分の予想の妥当性について考えている。

○予想を確かめるための実験を計画している。

○空気，水，金属をあたためたり冷やしたりした結果をもとに発表し合い，物の温度と体積との関係について多面的に考察している。

○考察から，空気，水，金属は，あたためたり冷やしたりすると体積が変化することを導き出している。

●対応する学習指導要領の項目：A(2) イ

≫主体的に学習に取り組む態度

○物の温度と体積との関係に関心をもって，積極的に実験しようとしている。

○物の温度と体積との関係について問題を見つけ，根拠のある予想・仮説を立てて実験している。

○物の温度と体積の学習で，わかったこととまだわからないこと，できるようになったこととまだできないことが何かを，自分で考えている。

学習活動

小単元名	時数	学習活動	見方・考え方
1. 空気の温度と体積	2	○空気の温度と体積との関係を調べる。 ・へこんだピンポン玉を湯につけたときのようすや，からのペットボトルをあたためたり冷やしたりしたときのようすから，問題を見つける。 ・からのペットボトルをあたためたり冷やしたりしたときのようすから予想し，調べ方の計画を立てる。 ・空気をあたためたり冷やしたりしたときの空気の体積について調べる。 ・実験結果から，空気の温度変化と体積の変化を関係づけて考察し，結論を導き出す。 ・空気は，あたためると体積が大きくなり，冷やすと体積が小さくなることを理解する。	質的・実体的　比較 関係付け
2. 水の温度と体積	2	○水の温度と体積との関係を調べる。 ・空気を閉じ込めたペットボトルと水を閉じ込めたペットボトルを比べて，問題を見つける。 ・空気をあたためたり冷やしたりしたときのようすから，水の温度と体積との関係について予想する。 ・ガラス管のついたゴム栓をした丸底フラスコいっぱいに水を入れ，水をあたためたり，冷やしたりする。 ・実験結果から，水の温度変化と体積の変化を関係づけて考察し，結論を導き出す。 ・水は，あたためると体積が大きくなり，冷やすと体積が小さくなることを理解する。 ・温度の変化による水の体積変化は，空気の場合より小さいことを理解する。	質的・実体的　比較 関係付け

4年

3.金ぞくの温度と体積	2	○金属の温度と体積との関係を調べる。	質的・実体的　比較
		・金属の棒を湯に入れてあたためて体積の変化を調べ，問題を見つける。	関係付け
		・空気や水をあたためたり冷やしたりしたときのようすから，金属の温度と体積との関係について予想し，調べ方の計画を立てる。	
		・スタンドで固定したアルミニウムの棒を，炎であたためたり冷やしたりして体積の変化を調べる。	
		・実験結果から，金属の温度変化と体積の変化を関係づけて考察し，結論を導き出す。	
		・金属は，あたためると体積が大きくなり，冷やすと体積が小さくなることを理解する。	
		・温度の変化による金属の体積の変化は，空気や水の場合よりとても小さいことを理解する。	
○空気，水，金ぞくの温度と体積	1	○空気，水，金属の温度変化による体積の変化について調べたことをまとめる。	質的・実体的　比較
		・空気，水，金属はどれも，あたためると体積が大きくなり，冷やすと体積が小さくなることを理解する。	関係付け
		・温度変化による体積の変化が大きいのは，空気，水，金属の順であることを理解する。	
○たしかめ	1	○物の温度と体積について学んだことを生かして問題を解く。	質的・実体的
			多面的に考える

| 4年 | 教出 |

教科書：p.156～173　配当時数：10時間　配当月：11～12月

9. もののあたたまり方

内容の区分　A 物質・エネルギー

関連する道徳の内容項目　C 国際理解，国際親善

到達目標

》知識・技能

○金属，水，空気について，それぞれのあたたまり方と，その差異点や共通点がわかる。

○実験用ガスこんろや示温インクなどを適切に扱うことができる。

○金属，水，空気のあたたまり方を調べる実験を安全に行い，その結果を正確に記録することができる。

》思考・判断・表現

○水や空気のあたたまり方について，今までの経験などから根拠のある予想や仮説を立てることができる。

○金属のあたたまり方と水や空気のあたたまり方との違いをとらえ，その違いを言葉でわかりやすくまとめることができる。

》主体的に学習に取り組む態度　※「主体的に学習に取り組む態度」は方向目標を示しています。

○物のあたたまり方について粘り強く追究する活動を通して，金属，水，空気それぞれのあたたまり方を知り，まとめようとする。

評価規準

》知識・技能

○金属は熱せられた所から順に遠くの方へあたたまっていくことを理解している。

○水と空気は，熱せられた所がまずあたたまり，温度が高くなった所が上の方に動いていくことで全体があたたまることを理解している。

○実験用ガスこんろや示温インクなどの実験器具を適切に扱い，安全に実験している。

○実験の結果を，図や言葉で正確に記録している。

● 対応する学習指導要領の項目：A(2) ア (イ)

》思考・判断・表現

○水のあたたまり方について，金属のあたたまり方を調べた経験などから根拠のある予想や仮説を立てている。

○立てた予想を発表したり，文章にまとめたりしている。

○友だちの意見を聞いて，自分の予想の妥当性について考えている。

○予想を確かめるための実験を計画している。

○金属，水，空気をあたためた結果をもとに発表し合い，金属，水，空気のあたたまり方を比較しながら考察している。

● 対応する学習指導要領の項目：A(2) イ

≫主体的に学習に取り組む態度

○物のあたたまり方に関心をもって，積極的に実験しようとしている。

○物のあたたまり方について問題を見つけ，根拠のある予想・仮説を立てて実験している。

○物のあたたまり方の学習で，わかったこととまだわからないこと，できるようになったこととまだできないことが何かを，自分で考えている。

関連する既習内容

学年		内容
4	年	金属，水，空気と温度 (温度と体積の変化)

学習活動

小単元名	時数	学習活動	見方・考え方
1. 金ぞくのあたたまり方	3	○金属のあたたまり方を調べる。 ・金属の棒の一部をあたためると，熱していない部分もあたたまってくることから問題を見つける。 ・これまでの生活のなかで経験したことなどから，金属のあたたまり方を予想し，調べ方の計画を立てる。 ・示温インクを塗った金属の棒や板の一部分を熱し，示温インクの色の変わり方を調べる。 ・実験結果から，熱した部分と示温インクの色の変わり方を関係づけて考察し，結論を導き出す。 ・金属は，熱したところから順に周りに広がるようにあたたまることで，全体があたたまっていくことを理解する。	質的・実体的　比較 関係付け
2. 水のあたたまり方①	2	○水のあたたまり方を調べる。 ・生活のなかで水を熱している場面を振り返り，問題を見つける。 ・金属のあたたまり方を調べた結果から水のあたたまり方を予想し，調べ方の計画を立てる。 ・示温インクを溶かした水を入れた試験管の一部を熱し，示温インクの色の変わり方を調べる。 ・実験結果から，熱した部分と示温インクの色の変わり方を関係づけて考察し，結論を導き出す。 ・水は，金属と違い，上の方からあたたまることを理解する。	質的・実体的　比較 関係付け
2. 水のあたたまり方②	2	○あたたまった水が上の方に動くのかどうか調べる。 ・前時の実験で，水が上の方からあたたまった場面を振り返り，問題を見つける。 ・前時の水のあたたまり方のようすを見たことから，あたためられた水が上の方に動くのかどうかを予想し，調べ方の計画を立てる。 ・示温インクを溶かした水の入ったビーカーの底の端を熱し，示温インクの色の変わり方を調べる。 ・実験結果から，熱した部分と示温インクの色の変わり方を関係づけて考察し，結論を導き出す。 ・水は，熱せられて温度が高くなった水が上の方に動いて上から順にあたたまることで，全体があたたまることを理解する。	質的・実体的 関係付け

3. 空気のあたたまり方	2	○空気のあたたまり方を調べる。 ・生活のなかで空気をあたためている場面を振り返り，問題を見つける。 ・金属や水のあたたまり方を調べた結果から空気のあたたまり方を予想し，調べ方の計画を立てる。 ・水槽の中の空気の一部を熱し，水槽の上と下で空気の温度を調べる。 ・空気は水と同様に，熱せられて温度が高くなった空気が上の方に動いていくことで上から順に全体へとあたたまることを理解する。	質的・実体的　比較 関係付け
○金ぞく，水，空気のあたたまり方／○たしかめ	1	○金属，水，空気のあたたまり方について調べたことをまとめる。 ・金属は，熱した所から順に周りに広がるようにあたたまることを理解する。 ・水と空気は，熱せられて温度が高くなった所が上の方に動いていくことで上から順にあたたまることを理解する。 ・物のあたたまり方について学んだことを生かして問題を解く。	質的・実体的　比較 関係付け 多面的に考える

4年

| 4年 | 教出 |

教科書：p.174〜181　配当時数：2時間　配当月：1月

● 冬の星

内容の区分　B 生命・地球

到達目標

》知識・技能

○冬の星も夏の星と同じように，明るさや色に違いがあることがわかる。

○星は，時刻によって位置は変わるが，並び方は変わらないことがわかる。

○夜，おとなと一緒に，安全に星を観察することができる。

》思考・判断・表現

○冬の星の時間の経過に伴う位置の変化や並び方について，これまでの学習や経験から，根拠のある予想や仮説を立てることができる。

○星の位置の変化を時間の経過と関係づけてとらえ，図や言葉でわかりやすくまとめることができる。

》主体的に学習に取り組む態度　※「主体的に学習に取り組む態度」は方向目標を示しています。

○冬の星について粘り強く追究する活動を通して，冬の星も夏の星と同じように明るさや色に違いがあることを知り，まとめようとする。

評価規準

》知識・技能

○冬の星も夏の星と同じように，明るさや色は星によって違うことを理解している。

○星は，1日のうちでも時刻によって位置は変わるが，並び方は変わらないことを理解している。

○時刻を変えたときも同じ場所で冬の星の動きを適切に観察し，正確に記録している。

●対応する学習指導要領の項目：B(5) ア (イ)(ウ)

》思考・判断・表現

○オリオン座の位置の変化を調べる観察について，月の位置の変化を調べた経験などから，根拠のある予想や仮説を立てている。

○立てた予想を発表したり，文章にまとめたりしている。

○友だちの意見を聞いて，自分の予想の妥当性について考えている。

○予想を確かめるための観察を計画している。

○冬の星の観察結果から，時刻によって星の位置は変化するが，星の並び方は変化しないことを図や言葉でわかりやすく表現している。

●対応する学習指導要領の項目：B(5) イ

≫主体的に学習に取り組む態度

○冬の星を調べる観察計画について，友だちとの話し合いを通して自らの考えを見直している。

○冬の星の位置や並び方について問題を見つけ，根拠のある予想・仮説を立てて観察している。

○冬の星の学習で，わかったこととまだわからないこと，できるようになったこととまだできないことが何かを，自分で考えている。

関連する既習内容

学年		内容
3	年	太陽と地面の様子 (日陰の位置と太陽の位置の変化)
4	年	月と星 (星の明るさ，色，月の形と位置の変化)

学習活動

小単元名	時数	学習活動	見方・考え方
○冬の星／○たしかめ	2	○冬の星を観察する。 ・夏の星を観察したときのようすを振り返りながら冬の夜空の天体写真を見て，明るさや色に着目して比べ，気づいたことから問題を見つける。 ・これまでに学んだことを振り返り，オリオン座の時間の経過に伴う星の位置の変化や並び方について観察する。 ・オリオン座は，並び方は変わらずに，時間がたつと東の方から南の高い方へ位置が変わることを導き出す。 ・冬の星について学んだことを生かして問題を解く。	時間的・空間的　比較 関係付け 多面的に考える

| 4年 | 教出 |

教科書：p.182〜189　配当時数：2時間　配当月：1月

― 季節と生き物 ―

● 冬と生き物

内容の区分　B 生命・地球

関連する道徳の内容項目　D 生命の尊さ／自然愛護

到達目標

≫知識・技能

○秋と冬の生物のようすの違いがわかる。

○校庭などの屋外で生物を安全に観察することができる。

○冬の動物や植物のようすを，観察カードに記録することができる。

○秋から冬にかけての動物や植物のようすの変化と気温の変化との関係がわかる。

≫思考・判断・表現

○冬の生物と気温との関係について，今までの経験などから根拠のある予想や仮説を立てることができる。

○動物や植物のようすを観察して，寒くなったことと生物のようすの変化を関係づけて考えることができる。

○サクラやヘチマなどのようすや，動物などのようすを観察し，秋と比較してその変化を気温と関係づけてとらえ，まとめることができる。

≫主体的に学習に取り組む態度　※「主体的に学習に取り組む態度」は方向目標を示しています。

○冬の生物のようすについて粘り強く追究する活動を通して，冬の生物のようすには秋よりも気温がさらに下がったことが関係していることを知り，まとめようとする。

評価規準

≫知識・技能

○秋と冬の生物のようすの違いや，冬越しの仕方について理解している。

○冬になって動物の姿があまり見られなくなったり，植物が枯れたりするのは，秋よりも気温が下がったことと関係していることを理解している。

○冬の生物のようすを安全に観察し，観察カードに正確に記録している。

● 対応する学習指導要領の項目：B(2) ア (ア)(イ)

≫思考・判断・表現

○秋から冬にかけての生物のようすの変化を気温の変化と関係づけてとらえ，図や言葉などでわかりやすく表現している。

○立てた予想を発表したり，文章にまとめたりしている。

○友だちの意見を聞いて，自分の予想の妥当性について考えている。

○予想を確かめるための観察を計画している。

○冬の生物のようすについて，観察した結果をもとに発表し合い，冬の生物のようすと気温の変化との関係について多面的に考察している。

○考察から，秋に比べて気温が下がって寒くなり，見ることができる動物の種類が減ったり，植物が枯れたりしていることを導き出している。

● 対応する学習指導要領の項目：B(2) イ

》主体的に学習に取り組む態度

○冬の生物のようすに関心をもって，積極的に観察しようとしている。

○冬の生物と気温との関係について問題を見つけ，根拠のある予想・仮説を立てて観察している。

○冬の生物のようすの学習で，わかったこととまだわからないこと，できるようになったこととまだできないことが何かを，自分で考えている。

○生物に関心をもって，大切にしようとしている。

関連する既習内容

学年		内容
3	年	身の回りの生物
4	年	季節と生物 (春〜秋)

学習活動

小単元名	時数	学習活動	見方・考え方
○冬と生き物①	1	○冬の植物のようすと気温との関係について調べる。 ・冬のサクラを秋のサクラのようすと比較しながら観察する。 ・冬になって，サクラは葉を落としたり枝の先にある芽が大きくなったりしていることを理解する。 ・ヘチマは，秋と比べてどのように変わっているか予想し，観察する。 ・ヘチマの観察の記録と気温の記録を関係づけて考察する。 ・冬になって，ヘチマが枯れて実の中にたねを残しているのは，秋よりもさらに気温が下がったことと関係していることを理解する。	共通性・多様性　比較 関係付け
○冬と生き物②／○記録を整理しよう	1	○冬の動物のようすと気温との関係について調べ，冬に観察した生物の記録を整理する。 ・秋に観察した昆虫や鳥などの活動のようすを振り返って問題を見つける。 ・冬の昆虫や鳥などの活動のようすを予想し，調べ方の計画を立てる。 ・昆虫や鳥がいそうな場所で活動のようすを観察し，観察カードに記録する。 ・昆虫や鳥などの活動のようすと気温を関係づけて考察する。 ・冬に昆虫などが，たまごの姿や地中で冬越ししているのは，秋よりもさらに気温が下がったことと関係していることを理解する。 ・鳥はカモなどがたくさん見られることを理解する。 ・生物のようすが季節とどのように関係しているのかを調べるため，冬に観察した記録を整理してまとめておく。	共通性・多様性　比較 関係付け

| 4年 | 教出 |

教科書：p.190〜207　配当時数：12時間　配当月：1〜2月

10. 水のすがたの変化

内容の区分　A 物質・エネルギー

関連する道徳の内容項目　A 希望と勇気，努力と強い意志　D 自然愛護

到達目標

》》知識・技能

○水は温度によって，固体 (氷)，液体 (水)，気体 (水蒸気) に姿を変えることがわかる。

○水蒸気は目に見えないことと，目に見える湯気は小さい水の粒であることがわかる。

○水は，氷になると体積が増えることがわかる。

○水を熱したり冷やしたりしたときの状態変化を調べる実験を適切に行い，その結果を正確に記録することができる。

》》思考・判断・表現

○水の温度と状態変化との関係について，今までの経験などから根拠のある予想や仮説を立てることができる。

○水の三態変化を温度の変化と関係づけてとらえ，その関係を図や言葉でわかりやすくまとめることができる。

》》主体的に学習に取り組む態度　※「主体的に学習に取り組む態度」は方向目標を示しています。

○水の三態変化について粘り強く追究する活動を通して，水は温度によってその姿を変えることを知り，まとめようとする。

評価規準

》》知識・技能

○水は温度によってその姿を，固体 (氷)，液体 (水)，気体 (水蒸気) に変えることを理解している。

○水蒸気は目に見えないことと，目に見える湯気は小さい水の粒であることを理解している。

○水は，氷になると体積が増えることを理解している。

○実験用ガスこんろなどの実験器具を適切に扱い，安全に実験している。

○水の温度の変化を，折れ線グラフなどにわかりやすく表している。

○水を熱したり冷やしたりする実験を適切に行い，その結果を正確に記録している。

●対応する学習指導要領の項目：A(2) ア (ウ)

》》思考・判断・表現

○水の姿の変化を温度の変化と関係づけて考え，その関係を図や言葉などでわかりやすく表現している。

○立てた予想を発表したり，文章にまとめたりしている。

○友だちの意見を聞いて，自分の予想の妥当性について考えている。

○予想を確かめるための実験を計画している。

○水を熱したり冷やしたりした実験の結果をもとに発表し合い，水の温度と状態変化との関係について多面的に考察している。

○考察から，水は温度によって，固体，液体，気体に姿を変えることを導き出している。

●対応する学習指導要領の項目：A(2) イ

≫主体的に学習に取り組む態度

○水の三態変化に関心をもって，積極的に実験しようとしている。

○水の三態変化と温度変化との関係について問題を見つけ，根拠のある予想・仮説を立てて実験している。

○水の三態変化の学習で，わかったこととまだわからないこと，できるようになったこととまだできないことが何かを，自分で考えている。

関連する既習内容

学年		内容
4	年	天気の様子 (水の自然蒸発と結露)
4	年	金属，水，空気と温度 (温度と体積の変化，温まり方の違い)

学習活動

小単元名	時数	学習活動	見方・考え方
1. 水を冷やしたときの変化	4	○水を冷やし続けたときの，水の温度と姿の変化について調べる。 ・冬に池などが凍ることや冷凍庫で水が氷になることから，問題を見つける。 ・水を冷やし続けたときのようすを予想し，実験計画を立てる。 ・教科書 P.193 のような装置で，水を冷やしながら 1 分ごとに水の温度と水の姿の変化を調べる。 ・水の温度変化がわかりやすいように，結果を折れ線グラフなどに表す。 ・水は冷やし続けると 0℃で凍り始め，周りから少しずつ氷になり，水が全て凍るまで温度が 0℃から変化しないことを理解する。 ・水は凍ると体積が大きくなることを理解する。 ・水の凍る前の姿を液体，凍った後の姿を固体ということを理解する。 ・水 (液体) を冷やしていくと 0℃で氷 (固体) に姿が変わり，氷 (固体) をあたためると 0℃で水 (液体) に姿が変わることを理解する。	質的・実体的　比較　関係付け
2. 水をあたためたときの変化①	4	○水をあたためたときの，水の温度と姿の変化について調べる。 ・生活のなかで水をあたためる場面を振り返り，問題を見つける。 ・水をあたため続けたときのようすを予想し，実験計画を立てる。 ・教科書 P.199 のような装置で，水をあたためながら 1 分ごとに水の温度と水の姿の変化を調べる。 ・水の温度変化がわかりやすいように，結果を折れ線グラフなどに表す。 ・水はあたため続けると 100℃近くで沸きたち，水の中から盛んに泡が出てくることを理解する。 ・水はあたため続けると約 100℃で沸騰することと，沸騰している間の水の温度は変化しないことを理解する。	質的・実体的　比較　関係付け

2. 水をあたためたときの変化②	3	○水が沸騰しているときに出てくる泡について調べる。 ・沸騰した後に水の量が減っていることと，沸騰している水から出ている湯気にスプーンを近づけると水がついたことから，問題を見つける。 ・水が沸騰しているときに出てくる泡について予想し，調べ方の計画を立てる。 ・教科書 P.203 のような水が沸騰しているときに出てくる泡を集める装置を準備する。 ・水が沸騰しているときは袋の中が曇って膨らみ，熱するのをやめると袋がしぼんで内側に水滴がついて水がたまったことから考察する。 ・水が沸騰しているときに出てくる泡は目に見えない水であることと，それを水蒸気ということを理解する。 ・水蒸気のように目に見えなくなった姿を気体ということを理解する。 ・湯気は，水蒸気が冷やされて液体の水になったもので，小さい水の粒として目に見えるようになったものだということを理解する。 ・沸騰した後に水の量が減っていたのは，液体の水から水蒸気になって空気中に出ていったからだということを理解する。	質的・実体的　比較 関係付け
○たしかめ	1	○水の三態変化について学んだことを生かして問題を解く。	質的・実体的 多面的に考える

| 4年 | 教出 |

教科書：p.208～223　配当時数：7時間　配当月：2～3月

11. 水のゆくえ

内容の区分　B 生命・地球

関連する道徳の内容項目　A 希望と勇気，努力と強い意志　C 勤労，公共の精神／伝統と文化の尊重，国や郷土を愛する態度

到達目標

》知識・技能
○水は地面や水面から蒸発し水蒸気となって空気中に含まれることと，空気中の水蒸気は冷やされると結露して再び水になることがわかる。
○水の自然蒸発を調べる実験を適切に行い，その結果を記録することができる。

》思考・判断・表現
○水の自然蒸発について，これまでの学習や経験から，根拠のある予想や仮説を立てることができる。
○予想や仮説を確かめるための実験計画を立てることができる。
○地面や水面から水が蒸発していることや，空気中の水蒸気が冷やされると結露して再び水になって現れることをわかりやすくまとめることができる。

》主体的に学習に取り組む態度　※「主体的に学習に取り組む態度」は方向目標を示しています。
○水の自然蒸発と結露について粘り強く追究する活動を通して，自然界での水の循環を知り，まとめようとする。

評価規準

》知識・技能
○水は地面や水面から蒸発し水蒸気となって空気中に含まれることを理解している。
○空気中の水蒸気は冷やされると結露して再び水になることを理解している。
○水の自然蒸発を調べる実験などを適切に行い，その結果を正確に記録している。

●対応する学習指導要領の項目：B(4) ア (イ)

》思考・判断・表現
○空気中の水蒸気の有無を調べる実験について，つめたい飲み物を入れたコップに水滴がついているようすを見た経験から，根拠のある予想や仮説を立てている。
○立てた予想を発表したり，文章にまとめたりしている。
○友だちの意見を聞いて，自分の予想の妥当性について考えている。
○予想を確かめるための実験を計画している。
○水の自然蒸発を調べる実験結果から，水は地面や水面などから蒸発して水蒸気となり，空気中に含まれていくことを導き出している。

●対応する学習指導要領の項目：B(4) イ

4年

》》主体的に学習に取り組む態度

○水の自然蒸発を調べる実験計画について，友だちとの話し合いを通して自らの考えを見直している。

○水の自然蒸発と結露の学習で，わかったこととまだわからないこと，できるようになったこととまだできないことが何かを，自分で考えている。

関連する既習内容

学年		内容
3	年	太陽と地面の様子
4	年	金属，水，空気と温度 (水の三態変化)
4	年	天気の様子 (天気による1日の気温の変化)
4	年	雨水の行方と地面の様子

学習活動

小単元名	時数	学習活動	見方・考え方
1. 水の量がへるわけ	3	○水が空気中に出ていくのかどうかを調べる。 ・校庭の水たまりがしばらくするとなくなっていたり，容器に入れた水がしばらくすると減っていたりすることから問題を見つける。 ・今までに経験したり学んだりしたことから，水が空気中に出ていくかどうかを根拠をもって予想し，計画する。 ・ラップフィルムで覆いをした容器とそのままの容器に同じ量の水を入れて部屋の中に置き，2，3日後にようすを見る。 ・そのままの容器の水は減っていて，覆いをした容器の水はほとんど減っていなかったことから，考察する。 ・考察から，容器の水が減るのは，液体の水が気体の水蒸気になって空気中に出ていくからだということを導き出す。 ・水は沸騰しなくても水蒸気となって空気中に出ていくことを理解する。 ・水の姿が液体から気体に変わることを蒸発ということを理解する。 ・水は水面からだけでなく地面からも蒸発しているということを理解する。 ・土の中に染み込んだ水も地面から蒸発しているということを理解する。	時間的・空間的　比較 関係付け

2. 冷たいものに水てきがつくわけ	3	○つめたい容器に水滴がつく理由を調べる。 ・つめたい飲み物を入れた容器の外側に水滴がついているようすから，問題を見つける。 ・これまでに学んだことや経験したことから予想し，調べ方の計画を立てる。 ・水を入れた缶と氷水を入れた缶で，水滴のつき方を比較しながら調べる。 ・氷水を入れた缶の方に水滴がつくのは，空気中の水蒸気が冷やされて液体の水になったからだということを理解する。 ・空気中の水蒸気が冷やされ，物の表面で気体から液体の水になることを結露ということを理解する。	時間的・空間的　比較 関係付け
○たしかめ	1	○水の自然蒸発と結露について学んだことを生かして問題を解く。	時間的・空間的 多面的に考える

4年

85

| 4年 | 教出 |

教科書：p.224〜229　配当時数：4時間　配当月：3月

— 季節と生き物 —

生き物の１年

内容の区分　B 生命・地球

関連する道徳の内容項目　D 生命の尊さ／自然愛護

到達目標

≫知識・技能
○１年間の生物のようすを振り返って，季節ごとの生物のようすと気温の変化には関係があることがわかる。
○３月になって再びあたたかくなり，いろいろな動物や植物が見られるようになったことがわかる。

≫思考・判断・表現
○１年間の生物のようすを気温と関係づけてまとめ，発表することができる。

≫主体的に学習に取り組む態度　※「主体的に学習に取り組む態度」は方向目標を示しています。
○１年間の生物のようすについて粘り強く追究する活動を通して，生物のようすには気温が関係していることを知り，まとめようとする。

評価規準

≫知識・技能
○１年間の生物のようすを観察した結果から，生物のようすの変化には気温が関係していることを理解している。
○季節は，春・夏・秋・冬を繰り返していて，生物のようすも季節ごとに変わることを理解している。
　　　　　　　　　　　　　　　　　　　　　　　　　　　　　　　　　　　　対応する学習指導要領の項目：B(2) ア (ア)(イ)

≫思考・判断・表現
○季節を順に追って，１年間の生物のようすを気温の変化と関係づけてまとめている。
　　　　　　　　　　　　　　　　　　　　　　　　　　　　　　　　　　　　対応する学習指導要領の項目：B(2) イ

≫主体的に学習に取り組む態度
○１年間の生物のようすの学習で，わかったこととまだわからないこと，できるようになったこととまだできないことが何かを，自分で考えている。
○生物に関心をもって，大切にしようとしている。

関連する既習内容

学年		内容
3	年	身の回りの生物
4	年	季節と生物 (春〜冬)

学習活動

小単元名	時数	学習活動	見方・考え方
○生き物の1年	3	○これまで観察してきた生物の，季節による変化のようすを振り返る。 ・観察した生物の種類ごとに春から冬まで順に整理し，変化のようすを追っていく。 ・植物や動物の1年間の活動のようすを季節や気温の変化と関係づけてとらえ，図や文章にまとめて発表する。 ・植物は，気温が高くなる季節に大きく成長し，気温が低くなる季節に葉を落としたり枯れたりすることを理解する。 ・動物は，気温が高い季節には見られる数や種類が多く，気温が低い季節にはあまり見られないことを理解する。 ・春・夏・秋・冬の1年間の生物の変化は，また次の春から冬までの1年間につながっていることを理解する。	共通性・多様性　比較 関係付け 多面的に考える
○たしかめ	1	○季節と生物について1年間学んだことを生かして問題を解く。	共通性・多様性 多面的に考える

| 5年 | 教出 |

教科書：p.10〜25　配当時数：7時間　配当月：4月

1. 天気の変化

| 内容の区分 | B 生命・地球

| 関連する道徳の内容項目 | C 勤労，公共の精神／伝統と文化の尊重，国や郷土を愛する態度

到達目標

≫知識・技能
○晴れと曇りの決め方がわかる。

○春の頃の日本付近の天気の変化についてわかる。

○雲の量や動きに着目して観察し，正確に記録することができる。

○様々なメディアを利用して，気象情報を集めることができる。

≫思考・判断・表現
○天気と雲のようすとの関係について，今までの経験などから根拠のある予想や仮説を立てることができる。

○予想や仮説を確かめるための観察計画を立てることができる。

○天気の変化を雲の動きと関係づけてとらえ，日本付近の春頃の天気の変化について，図や言葉を使ってわかりやすくまとめることができる。

≫主体的に学習に取り組む態度　※「主体的に学習に取り組む態度」は方向目標を示しています。
○天気の変化について粘り強く追究する活動を通して，天気の変化には雲のようすが関係していることを知り，天気の変化の仕方をまとめようとする。

評価規準

≫知識・技能
○晴れと曇りの区別の仕方や春頃の日本付近の天気の変化について理解している。

○天気は，雲の量や動きに関係していることを理解している。

○雲の量や動きに着目して観察し，記録用紙にわかりやすく正確に記録している。

○インターネットなどを利用して気象情報を集め，わかりやすくまとめている。

●対応する学習指導要領の項目：B(4) ア (ア)(イ)

≫思考・判断・表現
○天気と雲のようすとの関係について，今までに経験した天気の変化のようすなどから，根拠のある予想や仮説を立てている。

○立てた予想を発表したり，文章にまとめたりしている。

○友だちの意見を聞いて，自分の予想の妥当性について考えている。

○予想を確かめるための観察を計画している。

○インターネットなどを利用して集めた気象情報をもとに話し合い，雲の動きと天気の変化の関係について多面的に考察している。

○考察から，春頃の日本付近の天気の変化の仕方は，雲が西から東へ移動することに伴って，天気もおおよそ西から東へと変化していくことを導き出している。

●対応する学習指導要領の項目：B(4) イ

≫主体的に学習に取り組む態度

○天気の変化について問題を見つけ，根拠のある予想・仮説を立てて情報を集め，自分の考えをまとめている。
○天気と雲のようすとの関係を調べる観察計画について，友だちとの話し合いを通して自らの考えを見直している。
○インターネットなどを利用して気象情報を集め，わかりやすく雲画像を並べるなどくふうしている。
○天気の変化の学習で，わかったこととまだわからないこと，できるようになったこととまだできないことが何かを，自分で考えている。

関連する既習内容

学年		内容
3	年	太陽と地面の様子
4	年	天気の様子

学習活動

小単元名	時数	学習活動	見方・考え方
1. 雲と天気	3	○雲のようすと天気の変化との関係について調べる。 ・1日のなかで変化する天気のようすについて，教科書P.10，11の写真や空の雲を眺めて気づいたことを話し合い，問題を見つける。 ・今までの経験から，雲のようすと天気の変化との関係について予想し，調べ方の計画を立てる。 ・午前10時頃と午後2時頃に，雲の量や形や色，動きなどに着目して観察し，記録用紙に記録する。 ・観察した結果から，雲のようすと天気の変化との関係について考察し，まとめる。 ・雲の量の増減や，雲の移動によって天気が変化することを理解する。 ・雲の量による晴れと曇りの決め方を理解する。 ・その後も空のようすを数日間調べ，雨を降らせるときに見ることが多い雲について考察する。	時間的・空間的　比較 関係付け
2. 天気の変化のきまり	3	○天気の変化のきまりについて調べる。 ・教科書P.16，17の写真を見て気づいたことを話し合い，問題を見つける。 ・神戸市と敦賀市の天気の変化の写真から，天気の変化の仕方を予想する。 ・インターネットなどを利用して，日本各地の数日間の気象情報を集める。 ・集めた気象情報を整理して，雲の動きと天気の変化に関係があるのか考察する。 ・日本付近の雲はおおよそ西から東へ動いていき，天気もおおよそ西から東へと変わるというきまりがあることを理解する。	時間的・空間的 関係付け
○確かめ	1	○天気の変化について学んだことを生かして問題を解く。	時間的・空間的 多面的に考える

5年	教出

教科書：p.26〜51　配当時数：17 時間　配当月：4〜6 月

2. 植物の発芽や成長

内容の区分　B 生命・地球

関連する道徳の内容項目　C 勤労，公共の精神／伝統と文化の尊重，国や郷土を愛する態度　D 生命の尊さ／自然愛護

到達目標

≫知識・技能

○種子の発芽には，水，空気，適当な温度が関係していることがわかる。

○種子の発芽には，種子の中の養分が使われていることがわかる。

○植物の成長には，水，空気，適当な温度以外に，日光，肥料も関係していることがわかる。

○条件を制御して，発芽や成長の条件を調べる比較実験を正しく行うことができる。

○実験の結果を，正確にわかりやすく記録することができる。

≫思考・判断・表現

○種子の発芽の条件について，根拠のある予想や仮説を立てることができる。

○予想や仮説を確かめるための実験計画を立てることができる。

○実験の条件設定や結果を表にして，わかりやすくまとめることができる。

○複数の実験の結果を多面的に考察し，妥当な結論を導き出すことができる。

≫主体的に学習に取り組む態度　※「主体的に学習に取り組む態度」は方向目標を示しています。

○植物の発芽と成長について粘り強く追究する活動を通して，発芽の条件と成長の条件を調べる実験では条件制御をしながら
正確な結果を導き出し，その結果を整理して表にまとめようとする。

評価規準

≫知識・技能

○種子が発芽するためには水，空気，適当な温度が必要であることを理解している。

○種子には，根・茎・葉になる部分と子葉という部分があることを理解している。

○種子には発芽に必要な養分が含まれていることと，発芽には種子の中の養分が使われていることを理解している。

○植物の成長には，水，空気，適当な温度以外に，日光，肥料も関係していることを理解している。

○条件制御をしながら植物の発芽や成長に必要な条件を調べる実験を行い，その条件設定や結果をわかりやすく正確に記録
している。

●対応する学習指導要領の項目：B (1) ア (ア)(イ)(ウ)

≫思考・判断・表現

○植物の発芽の条件について，今までに植物を育てた経験や学習したことなどから，根拠のある予想や仮説を立てている。

○立てた予想を発表したり，文章にまとめたりしている。

○友だちの意見を聞いて，自分の予想の妥当性について考えている。

○予想を確かめるための実験計画を立てている。

○発芽前の種子と発芽後の子葉のヨウ素でんぷん反応の違いを関係づけて，植物は種子に含まれている養分を使って発芽していることを導き出している。

○植物の成長の条件について，条件制御をして調べた結果をもとに発表し合い，植物の成長と日光や肥料とを関係づけて多面的に考察している。

○考察から，植物の成長には，水，空気，適当な温度以外に，日光，肥料も関係していることを導き出している。

→ 対応する学習指導要領の項目：B(1) イ

≫主体的に学習に取り組む態度

○種子の発芽に必要な条件について問題を見つけ，根拠のある予想・仮説をもとに実験計画を立てて実験をしている。

○植物の成長に必要な条件を調べる実験計画について，友だちとの話し合いを通して自らの考えを見直している。

○植物の発芽と成長の学習で，わかったこととまだわからないこと，できるようになったこととまだできないことが何かを，自分で考えている。

○植物に関心をもって，大切にしようとしている。

関連する既習内容

学年		内容
3	年	身の回りの生物
4	年	季節と生物

学習活動

小単元名	時数	学習活動	見方・考え方
1. 発芽に必要なもの①	2	○インゲンマメを使って，発芽に必要な条件を調べる。 ・種子が芽を出すことを発芽ということを理解する。 ・教科書 P.26 のダイコンの発芽の写真から，発芽の条件に土が必要ないことを理解する。 ・植物の発芽の条件について話し合い，問題を見つける。 ・発芽に水が必要かどうかを調べるため，水の条件は変えて，ほかの条件は変えないで実験する。 ・発芽に水が必要かどうかを調べる実験の結果から，発芽に水が必要であることを理解する。	共通性・多様性　比較 関係付け　条件制御
1. 発芽に必要なもの②	1	○植物の成長について学習するための準備として，肥料を含まない土にインゲンマメの種子をまいて育てる。	共通性・多様性 関係付け

1. 発芽に必要なもの③	4	○インゲンマメを使って，水以外の発芽に必要な条件を調べる。 ・発芽に水が必要かどうかを調べる実験で，水を与えすぎても発芽しなかったことから，水以外で発芽に必要な条件が何であるか予想する。 ・発芽に何が必要かを調べるときには，調べる条件だけを変えて，それ以外の条件は同じにすることを理解する。 ・発芽に空気が必要かどうかを調べるため，空気の条件は変えて，ほかの条件は変えないで実験する。 ・発芽に適した温度が必要かどうかを調べるため，温度の条件は変えて，ほかの条件は変えないで実験する。 ・実験の結果から，種子の発芽の条件を考え，話し合う。 ・水，空気，適した温度の3つの条件が揃うと，種子は発芽することをまとめる。 ・実験から，種子の発芽に日光は必要ないことを理解する。 ・インゲンマメの種子を2つに切って，種子の中を観察する。 ・インゲンマメの種子の中には，根・茎・葉になって成長する部分と子葉とがあることを理解する。	共通性・多様性　比較 関係付け　条件制御
2. 発芽と養分①	3	○インゲンマメの種子の発芽後に子葉がしぼむ理由を調べる。 ・発芽後，インゲンマメの成長と反対に子葉がしぼんでいることから，問題を見つける。 ・発芽後に子葉がしぼんだことから，発芽に必要な養分が子葉にあるのではないかと予想する。 ・発芽前の種子と発芽後の子葉にヨウ素液をかけて，でんぷんの有無を調べる。 ・インゲンマメの種子には，発芽に必要なでんぷんという養分が含まれていることを理解する。 ・実験の結果から，植物は種子の中の養分を使って発芽していることを導き出す。	共通性・多様性　比較 関係付け
2. 発芽と養分②	1	○花や実について学習するための準備として，アサガオやヘチマなどを植えて育てる。	共通性・多様性 関係付け
3. 植物の成長に必要なもの	5	○インゲンマメを使って，植物の成長に必要な条件を調べる。 ・植物の成長には，発芽の条件である水，空気，温度が必要であることを理解する。 ・これまでの学習内容や植物を育てた経験から，インゲンマメの成長に必要なものを考え，問題を見つける。 ・植物の成長に日光や肥料が必要かどうかを調べるための実験を計画する。 ・条件制御をして，日光に当てた場合と当てない場合の成長の違いを調べる。 ・条件制御をして，肥料を与えた場合と与えない場合の成長の違いを調べる。 ・実験の結果をもとに話し合って考察する。 ・植物は，日光に当てて肥料を与えると，よく成長することを理解する。	共通性・多様性　比較 関係付け　条件制御
○確かめ	1	○植物の発芽と成長について学んだことを生かして問題を解く。	共通性・多様性 多面的に考える

| 5年 | 教出 | 教科書：p.52〜65　配当時数：6時間　配当月：6〜7月 |

3. メダカのたんじょう

| 内容の区分 | B 生命・地球 |

| 関連する道徳の内容項目 | C 伝統と文化の尊重，国や郷土を愛する態度　D 生命の尊さ／自然愛護 |

到達目標

≫知識・技能

○メダカには雄と雌があり，雌雄で体のつくりに違いがあることがわかる。

○メダカを飼育し，受精卵から子メダカになるまでの変化を観察することができる。

○メダカのたまごは，受精後にたまごの中が変化して少しずつメダカらしくなって孵化することがわかる。

○メダカのたまごの変化を観察し，記録用紙に図や言葉で正確に記録することができる。

≫思考・判断・表現

○メダカの受精後のたまごのようすについて，今までの経験などから根拠のある予想や仮説を立てることができる。

○予想や仮説を確かめるための観察計画を立てることができる。

○孵ったばかりの子メダカの腹の膨らみと子メダカのようすを関係づけてとらえ，膨んだ腹の中の養分でしばらくは餌を食べずに育つことをわかりやすくまとめることができる。

≫主体的に学習に取り組む態度　※「主体的に学習に取り組む態度」は方向目標を示しています。

○メダカのたまごの変化について粘り強く観察する活動を通して，受精後にたまごの中で徐々にメダカらしくなることを知り，まとめようとする。

評価規準

≫知識・技能

○メダカには雄と雌があり，雌雄の体のつくりの違いを理解している。

○メダカの適切な飼育方法をよく調べ，理解している。

○メダカを適切に飼育し，たまごが受精して孵化するまでの変化のようすを図や言葉でわかりやすくまとめている。

○メダカは，たまごの中で徐々に変化して，メダカらしくなることを理解している。

○メダカのたまごの変化のようすに着目して観察し，記録用紙にわかりやすく正確に記録している。

●対応する学習指導要領の項目：B(2) ア (ア)

5年

93

≫思考・判断・表現

○メダカのたまごの中の変化のようすについて，今までに経験した昆虫の飼育などから，根拠のある予想や仮説を立てている。

○立てた予想を発表したり，文章にまとめたりしている。

○友だちの意見を聞いて，自分の予想の妥当性について考えている。

○予想を確かめるための観察を計画している。

○メダカのたまごの中の変化について，2，3日おきに観察して調べた結果をもとに発表し合い，多面的に考察している。

○孵化したばかりの子メダカが，しばらくは餌を食べなくても膨んだ腹の中の養分を使って育つことを，図でわかりやすく表現している。

○考察から，メダカは受精後にたまごの中で徐々に変化して，メダカらしくなることを導き出している。

● 対応する学習指導要領の項目：B(2) イ

≫主体的に学習に取り組む態度

○メダカのたまごの中の変化について問題を見つけ，今までの経験から根拠のある予想・仮説を立てて，自分の考えをまとめている。

○メダカのたまごの中の変化について観察したことを図に表すときに，大事なことや気づいたことなどをコメントとして入れるなどくふうしている。

○メダカの誕生の学習で，わかったこととまだわからないこと，できるようになったこととまだできないことが何かを，自分で考えている。

○動物に関心をもって，大切にしようとしている。

関連する既習内容

学年		内容
3	年	身の回りの生物
4	年	季節と生物
5	年	植物の発芽，成長，結実 (種子の中の養分，発芽の条件，成長の条件)

学習活動

小単元名	時数	学習活動	見方・考え方
○メダカのたんじょう①	1	○メダカを適切に飼育する。 ・メダカの適切な飼育方法を理解する。 ・メダカは，雄と雌で体のつくりに違いがあることを理解する。 ・たまごが生まれるようにするためには，メダカの雄と雌を同じ水槽で飼育することを理解する。 ・たまごをつけているメダカがいることなどに着目して話し合い，問題を見つける。 ・雌が産んだたまご(卵＝らん)と，雄が出した精子が結びつくことを受精ということを理解する。	共通性・多様性　比較

| ○メダカのたんじょう② | 4 | ○受精したメダカのたまごの育ち方を調べる。
・メダカのたまごの変化について，今までに昆虫などを飼育した経験から予想する。
・メダカのたまごの変化を調べる方法を話し合い，計画する。
・双眼実体顕微鏡や解剖顕微鏡の使い方を理解する。
・メダカのたまごを2，3日に1回，双眼実体顕微鏡や解剖顕微鏡で観察し，その変化のようすを記録する。
・メダカがたまごの中で成長していく変化のようすを理解する。
・たまごから孵ったばかりの子メダカのようすを観察する。
・たまごと子メダカを観察した結果から考察する。
・メダカは，受精後にたまごの中で少しずつメダカらしい姿に変化していき，孵化することを理解する。
・孵化前のメダカは，たまごの中にある養分を使って成長することを理解する。
・メダカはやがて成長し，次の世代へと生命をつないでいくことを理解する。
・たまごから孵ったばかりの子メダカは腹の膨みに養分があり，しばらくは餌を食べずにその養分を使って育つことを理解する。 | 共通性・多様性　比較
関係付け
多面的に考える |
| ○確かめ | 1 | ○メダカの誕生について学んだことを生かして問題を解く。 | 共通性・多様性
多面的に考える |

5年

5年	教出

教科書：p.66〜73　配当時数：4時間　配当月：7月

● 花のつくり

内容の区分　B 生命・地球

関連する道徳の内容項目　D 生命の尊さ／自然愛護

到達目標

>> 知識・技能
○花のつくりや，おしべで花粉がつくられることがわかる。

>> 思考・判断・表現
○予想や仮説を確かめるための観察計画を立てることができる。

>> 主体的に学習に取り組む態度　※「主体的に学習に取り組む態度」は方向目標を示しています。
○花のつくりについて粘り強く追究する活動を通して，1つの花にめしべとおしべがあるものと，めばなとおばながあるものに整理して，観察結果をまとめようとする。

評価規準

>> 知識・技能
○花は，おしべやめしべ，花びらやがくなどからできていることを理解している。
○アサガオの花の中のつくりを虫眼鏡で観察して記録している。
○顕微鏡を適切に取り扱い，花粉を観察している。

● 対応する学習指導要領の項目：B(1) ア (エ)

>> 思考・判断・表現
○立てた予想を発表したり，文章にまとめたりしている。
○友だちの意見を聞いて，自分の予想の妥当性について考えている。
○予想を確かめるための観察計画を立てている。

● 対応する学習指導要領の項目：B(1) イ

>> 主体的に学習に取り組む態度
○花のつくりの学習で，わかったこととまだわからないこと，できるようになったこととまだできないことが何かを，自分で考えている。
○植物に関心をもって，大切にしようとしている。

関連する既習内容

学年		内容
3	年	身の回りの生物
4	年	季節と生物
5	年	植物の発芽，成長，結実 (種子の中の養分，発芽の条件，成長の条件)

学習活動

小単元名	時数	学習活動	見方・考え方
○花のつくり①	3	○アサガオやヘチマの花のつくりを調べる。 ・アサガオやヘチマの花を見て，問題を見つける。 ・ヘチマにはめばなとおばなの2種類の花があることを理解する。 ・アブラナの花のつくりを思い出し，花のつくりについて予想する。 ・花のつくりについて調べる方法を話し合い，計画する。 ・アサガオとヘチマの花を観察し，それぞれアブラナの花と比較する。 ・調べた結果から言えることを考察し，発表し合う。 ・花は，おしべやめしべ，花びらやがくなどからできていることを理解する。 ・1つの花におしべとめしべがあるものと，おしべとめしべが別々の花についているものがあることを理解する。 ・おしべの先にはたくさんの花粉があることを理解する。 ・数種類の花のつくりも調べて，アサガオやヘチマの花のつくりと比べる。	共通性・多様性　比較
○花のつくり②	1	○花粉のようすを調べる。 ・顕微鏡の使い方を理解する。 ・アサガオの花粉を顕微鏡で観察し，花粉の形などを図に描いて記録する。	共通性・多様性　比較

| 5年 | 教出 | 教科書：p.74〜85　配当時数：4時間　配当月：7月 |

● 台風に備えて

内容の区分　B 生命・地球

関連する道徳の内容項目　C 伝統と文化の尊重，国や郷土を愛する態度　D 生命の尊さ

到達目標

≫知識・技能

○台風の進み方や台風が近づいたときの天気の変化についてわかる。

○台風の進み方や台風が近づいてきたときの天気の変化について調べ，その結果をもとに雲画像や言葉を使ってわかりやすくまとめることができる。

○台風について，テレビやインターネットなどから，必要な情報を集めることができる。

○台風による様々な災害の資料をもとにして，災害の備えや情報活用の必要性がわかる。

≫思考・判断・表現

○台風が近づいてきたときの天気のようすについて，今までの経験などから根拠のある予想や仮説を立てることができる。

○予想や仮説を確かめるためにはどのように調べればよいか，計画を立てることができる。

○台風の動きと天気の変化を関係づけてとらえ，台風が近づいてきたときの天気の変化について，図や言葉を使ってわかりやすくまとめることができる。

≫主体的に学習に取り組む態度　※「主体的に学習に取り組む態度」は方向目標を示しています。

○台風と防災について粘り強く追究する活動を通して，天気の変化には台風の動きが関係していることを知り，天気の変化の仕方をまとめようとする。

評価規準

≫知識・技能

○台風が近づくと，雨量が多くなり，風が強くなることを理解している。

○台風が過ぎ去ると，穏やかな晴天になることが多いことを理解している。

○天気は台風の動きによって変わることを理解している。

○気象情報の雨量に着目して調べ，わかりやすくまとめている。

○台風の進み方や台風による災害や水不足解消の恵みなどについて理解している。

○テレビやインターネット，新聞などを利用して，台風に関する必要な気象情報を集めている。

●対応する学習指導要領の項目：B(4) ア (イ)

≫思考・判断・表現

○台風が近づいてきたときの天気のようすについて，今までの経験などから，根拠のある予想や仮説を立てている。

○立てた予想を発表したり，文章にまとめたりしている。

○友だちの意見を聞いて，自分の予想の妥当性について考えている。

○予想を確かめるために，どのような気象情報を集めればよいか計画している。

○台風の動きと天気の変化を関係づけてとらえ，調べた結果をもとに，図や言葉を使ってわかりやすく表現している。

○台風が近づいてきたときの天気の変化について，インターネットなどで調べた結果をもとに発表し合い，台風の動きと天気の変化の関係について多面的に考察している。

○考察から，台風は日本の南の海上で発生し，はじめは西や北に進み，その後に北や東に向かうことが多いことを導き出している。

● 対応する学習指導要領の項目：B(4) イ

≫主体的に学習に取り組む態度

○台風が近づいてきたときの天気の変化について問題を見つけ，根拠のある予想・仮説を立てて情報を集め，自分の考えをまとめている。

○台風の動きと天気の変化との関係を調べる計画について，友だちとの話し合いを通して自らの考えを見直している。

○テレビやインターネット，新聞などを利用して気象情報を集め，わかりやすく台風の雲画像と雨量情報を並べるなどくふうしている。

○台風と防災の学習で，わかったこととまだわからないこと，できるようになったこととまだできないことが何かを，自分で考えている。

関連する既習内容

学年		内容
3	年	太陽と地面の様子
4	年	天気の様子
5	年	天気の変化

学習活動

小単元名	時数	学習活動	見方・考え方
○台風に備えて	3	○台風の動きと，台風が近づいたときの天気の変化について調べる。 ・台風に備えるためにどのような情報が必要であるかを話し合い，問題を見つける。 ・台風の動きと，台風と天気との関係について，これまでの学習や経験したことから予想する。 ・天気の変化で学習したことなどをもとに，調べ方を計画する。 ・テレビやインターネット，新聞などを利用して，台風が近づいたときの気象情報を集め，わかりやすくまとめる。 ・台風は，日本の南の海上で発生し，はじめは西や北に進み，その後に北や東に向かうことが多いことを理解する。 ・台風が近づくと，雨量が多くなり，風が強くなることを理解する。 ・台風が過ぎ去ると，雨や風はおさまり，晴天になることが多いことを理解する。	時間的・空間的　比較 関係付け 多面的に考える

○台風と災害	1	○台風による災害について調べる。 ・台風の強風や大雨による災害と，台風の大雨による水不足の解消などについて理解する。	時間的・空間的 多面的に考える

| 5年 | 教出 |

教科書：p.90〜101　配当時数：4 時間　配当月：9 月

4. 花から実へ

内容の区分　B 生命・地球

関連する道徳の内容項目　C 勤労，公共の精神　D 生命の尊さ／自然愛護

到達目標

≫知識・技能

○植物は，受粉すると結実することと，実の中には種子ができることがわかる。

○条件を制御して，植物の受粉と結実の比較実験を正しく行うことができる。

○植物の受粉と結実の比較実験を条件制御しながら行い，その結果を正確にわかりやすく記録することができる。

≫思考・判断・表現

○受粉後の花の変化について，根拠のある予想や仮説を立てることができる。

○予想や仮説を確かめるための実験計画を立てることができる。

○実験や観察の条件設定や結果を表にして，わかりやすくまとめることができる。

○植物の受粉の有無と結実するかどうかを関係づけてとらえ，妥当な結論を導き出すことができる。

≫主体的に学習に取り組む態度　※「主体的に学習に取り組む態度」は方向目標を示しています。

○植物の受粉や結実について粘り強く追究する活動を通して，植物の受粉と結実の比較実験では条件制御しながら正確な結果
　を導き出し，その結果を整理して表にまとめようとする。

評価規準

≫知識・技能

　○実ができるためには，花粉がめしべの先につくことが必要であることを理解している。

　○植物は，受粉するとめしべのもとが実になり，実の中に種子ができることを理解している。

　○受粉後の花の変化を調べる実験を条件制御しながら行い，その条件設定や結果をわかりやすく正確に記録している。

　　　　　　　　　　　　　　　　　　　　　　　　　　　●対応する学習指導要領の項目：B(1) ア (エ)

≫思考・判断・表現

　○植物の受粉後の花の変化について，今までに学習したことなどから，根拠のある予想や仮説を立てている。

　○立てた予想を発表したり，文章にまとめたりしている。

　○友だちの意見を聞いて，自分の予想の妥当性について考えている。

　○予想を確かめるための実験計画を立てている。

　○条件制御しながら結実に必要な条件を調べる実験を行い，結果をわかりやすく表現している。

　○植物の受粉の有無と結実するかどうかを関係づけて，植物は受粉するとめしべのもとが実になり，実の中に種子ができる
　　ことを導き出している。

　　　　　　　　　　　　　　　　　　　　　　　　　　　●対応する学習指導要領の項目：B(1) イ

》主体的に学習に取り組む態度

○植物の結実に必要な条件について問題を見つけ，根拠のある予想・仮説をもとに実験計画を立てて実験している。

○受粉後の花の変化を調べる実験計画について，友だちとの話し合いを通して自らの考えを見直している。

○植物の受粉や結実の学習で，わかったこととまだわからないこと，できるようになったこととまだできないことが何かを，自分で考えている。

○植物に関心をもって，大切にしようとしている。

関連する既習内容

学年		内容
3	年	身の回りの生物
4	年	季節と生物
5	年	植物の発芽，成長，結実 (種子の中の養分，発芽の条件，成長の条件)
5	年	動物の誕生 (魚)

学習活動

小単元名	時数	学習活動	見方・考え方
○花から実へ①	3	○実ができるためには受粉が必要かどうかを調べる。 ・アサガオやヘチマのめばなは，花が咲いた後にめしべのもとが大きくなって実になることを理解する。 ・めしべのもとが実になっていないものがあることから問題を見つける。 ・めしべのもとが実になるために必要なことを予想し，調べ方の計画を立てる。 ・めしべの先に花粉をつける花とつけない花で条件制御をして実験する。 ・実験結果から，めしべのもとが実になるには，めしべの先に花粉がつくことが必要であることを導き出す。 ・めしべの先に花粉がつくことを受粉ということを理解する。 ・実の中にできた種子は条件が整うと発芽し，成長することで，次の世代へと生命をつないでいくことを理解する。	共通性・多様性　比較 関係付け　条件制御
○花から実へ②／○確かめ	1	○様々な植物の受粉の仕方について調べる。 ・自然のなかでは，風や水，昆虫などによって花粉が運ばれて受粉する植物があることを理解する。 ・植物の受粉や結実について学んだことを生かして問題を解く。	共通性・多様性 多面的に考える

| 5年 | 教出 |

教科書：p.102～117　配当時数：11 時間　配当月：9～10 月

5. ふりこ

内容の区分　A 物質・エネルギー

関連する道徳の内容項目　A 希望と勇気，努力と強い意志／真理の探究　C 勤労，公共の精神／国際理解，国際親善

到達目標

≫知識・技能

○振り子が 1 往復する時間は，振り子の長さによって決まることがわかる。

○振り子が 1 往復する時間は，おもりの重さ，振れ幅によっては変化しないことがわかる。

○振り子が 1 往復する時間が何によって変わるのかを調べる実験を，条件を制御しながら適切に行い，その結果を正確に記録することができる。

≫思考・判断・表現

○振り子が 1 往復する時間と，振り子の長さ・おもりの重さ・振れ幅との関係について，実際に振り子を動かしたことから予想や仮説を立てることができる。

○予想や仮説を確かめるための実験計画を立てることができる。

○複数の実験の結果から論理的に思考し，結論を導き出すことができる。

○振り子が 1 往復する時間と振り子の長さを関係づけてとらえ，その関係についてわかりやすくまとめることができる。

≫主体的に学習に取り組む態度　※「主体的に学習に取り組む態度」は方向目標を示しています。

○振り子の運動について粘り強く追究する活動を通して，振り子が 1 往復する時間には振り子の長さが関係していることを知り，まとめようとする。

評価規準

≫知識・技能

○振り子が 1 往復する時間は，振り子の長さによって決まることを理解している。

○振り子が 1 往復する時間は，おもりの重さや振れ幅によっては変化しないことを理解している。

○調べたい条件以外の条件は，全て同じにすることを理解している。

○振り子の長さ，おもりの重さ，振れ幅の条件に着目して実験し，表にわかりやすく整理して記録している。

○条件制御を適切に行いながら，振り子が 1 往復する時間を変化させる条件を調べる実験を行い，その結果を正確に記録している。

━━━━● 対応する学習指導要領の項目：A(2) ア (ア)

≫思考・判断・表現

○振り子が 1 往復する時間を変化させる条件について，実際に振り子を動かしたときに気づいたことなどから，根拠のある予想や仮説を立てている。

○立てた予想を発表したり，文章にまとめたりしている。

○友だちの意見を聞いて，自分の予想の妥当性について考えている。

○予想を確かめるための実験を計画している。

○振り子の実験結果から，振り子が 1 往復する時間は，振り子の長さによって決まることを導き出している。

━━━━● 対応する学習指導要領の項目：A(2) イ

≫主体的に学習に取り組む態度

○振り子が1往復する時間と，振り子の長さ・おもりの重さ・振れ幅との関係を調べる実験計画について，友だちとの話し合いを通して自らの考えを見直している。

○振り子の1往復する時間のきまりについて問題を見つけ，根拠のある予想・仮説をもとに実験計画を立て，実験結果から自分の考えをまとめている。

○振り子の運動の学習で，わかったこととまだわからないこと，できるようになったこととまだできないことが何かを，自分で考えている。

関連する既習内容

学年		内容
3	年	風とゴムの力の働き

学習活動

小単元名	時数	学習活動	見方・考え方
○ふりこ①	1	○振り子を作って動かして，気づいたことを話し合う。 ・振り子について理解する。 ・音楽に合わせて振り子を動かし，気づいたことを話し合って問題を見つける。 ・振り子の1往復する時間を，平均を出して求める方法を理解する。	量的・関係的　比較 関係付け
○ふりこ②	9	○振り子が1往復する時間は，何によって変わるのかを調べる。 ・音楽に合わせて振り子を動かしたことを振り返り，予想する。 ・振り子が1往復する時間に関係する条件を調べるときは，調べる条件だけを変えることを理解する。 ・振り子の長さ，おもりの重さ，振り子の振れ幅の条件を変え，それ以外の条件は同じにして調べる計画を立てる。 ・条件を制御しながら，振り子が1往復する時間を変化させる条件を調べる実験をする。 ・実験結果を表に整理して，わかりやすく記録する。 ・実験の結果から，振り子が1往復する時間を変化させる条件を考え，話し合う。 ・振り子が1往復する時間は振り子の長さによって変わり，振り子の長さを長くすると1往復する時間が長くなることを理解する。 ・振り子が1往復する時間は，おもりの重さや振り子の振れ幅によって変わらないことを理解する。	量的・関係的　比較 関係付け　条件制御
○確かめ	1	○振り子の運動について学んだことを生かして問題を解く。	量的・関係的 多面的に考える

| 5年 | 教出 | 教科書：p.118～147　配当時数：13 時間　配当月：10～11 月 |

6. 流れる水と土地／● 川と災害

内容の区分　B 生命・地球

関連する道徳の内容項目　C 勤労，公共の精神／伝統と文化の尊重，国や郷土を愛する態度　D 生命の尊さ／自然愛護

到達目標

》知識・技能

○流れる水には，侵食，運搬，堆積のはたらきがあることがわかる。

○流れる水のはたらきを調べる実験を，条件を制御しながら適切に行い，その結果を記録することができる。

○流れる水のはたらきの大きさを，水量と関係づけてとらえ，その関係をわかりやすくまとめることができる。

○川の上流と下流の石の大きさや形の違いと，流れる水のはたらきの違いを関係づけて考え，わかりやすくまとめることができる。

○川を流れる水の量が増えたときの土地の変化について，コンピュータなどから必要な情報を集めることができる。

》思考・判断・表現

○川を流れる水の量が増えたときの土地の変化について，今までの経験などから根拠のある予想や仮説を立てることができる。

○予想や仮説を確かめるにはどのように調べればよいか，計画を立てることができる。

○川の増水と流れる水のはたらきの大きさを関係づけてとらえ，流れる水のはたらきによる土地のようすの変化について，図や言葉を使ってわかりやすくまとめることができる。

》主体的に学習に取り組む態度　※「主体的に学習に取り組む態度」は方向目標を示しています。

○流れる水のはたらきと土地の変化について粘り強く追究する活動を通して，土地の変化には流れる水のはたらきが関係していることを知り，まとめようとする。

評価規準

》知識・技能

○流れる水には，土地を侵食したり，削った石や土を運搬したり堆積させたりするはたらきがあることを理解している。

○流れる水のはたらきを調べる実験を，流水実験器などを使って条件制御しながら適切に行っている。

○流れる水のはたらきの大きさを水量と関係づけてとらえ，その関係をわかりやすく表現している。

○川の増水による様々な災害の資料をもとにして，災害の備えや情報活用の必要性を理解している。

○コンピュータなどを利用して，川が増水したときの土地の変化に関する資料を集めている。

●対応する学習指導要領の項目：B(3) ア (ア)(イ)(ウ)

≫思考・判断・表現

○流れる水のはたらきについて，今までの経験などから，根拠のある予想や仮説を立てている。

○立てた予想を発表したり，文章にまとめたりしている。

○友だちの意見を聞いて，自分の予想の妥当性について考えている。

○予想を確かめるために，どのような情報を集めればよいか計画している。

○流れる水のはたらきと土地の変化を関係づけてとらえ，調べた結果をもとに，図や言葉を使ってわかりやすく表現している。

○川の増水による様々な災害について調べた結果をもとに発表し合い，集中豪雨などによる川の増水と土地の変化の関係について多面的に考察している。

● 対応する学習指導要領の項目：B(3) イ

≫主体的に学習に取り組む態度

○流れる水のはたらきと土地の変化について問題を見つけ，根拠のある予想・仮説を立てて情報を集め，自分の考えをまとめている。

○流水実験器などを使って流れる水のはたらきを調べるときの実験計画について，友だちとの話し合いを通して自らの考えを見直している。

○流れる水のはたらきと土地の変化の学習で，わかったこととまだわからないこと，できるようになったこととまだできないことが何かを，自分で考えている。

関連する既習内容

学年		内容
4	年	雨水の行方と地面の様子

学習活動

小単元名	時数	学習活動	見方・考え方
1. 川の上流と下流	3	○川の上流と下流のようすの違いを調べる。 ・教科書 P118, 119 の写真を見て，問題を見つける。 ・川の上流と下流のようすの違いを予想し，調べ方の計画を立てる。 ・教科書 P.123～125 の資料やコンピュータなどを利用して，川の上流と下流で川幅や石の大きさの違いを調べる。 ・上流の川幅は狭く，下流の川幅は広いことを理解する。 ・上流の石は角張っていて大きく，下流の石は丸みを帯びていて小さいということが多いということを理解する。	時間的・空間的　比較 関係付け

2. 流れる水のはたらき	4	○流れる水のはたらきについて調べる。 ・雨が降ったときの校庭のようすと川のようすを比べ，問題を見つける。 ・流れる水のはたらきについて，4年生で学習した雨水のゆくえを振り返って予想し，調べ方の計画を立てる。 ・流水実験器などを使って流れる水のはたらきについて調べる。 ・流れる水のはたらきを調べた実験結果から話し合う。 ・流れる水には，地面を侵食したり，石や土を運搬したり堆積させたりするはたらきがあることを理解する。 ・川の上流では侵食のはたらきで谷が多く，下流では堆積のはたらきで川原や平野が多いことを理解する。	時間的・空間的　比較 関係付け　条件制御
3. 流れる水の量が増えるとき	4	○川を流れる水量が増えたときの流れる水のはたらきの違いを調べる。 ・普段の川のようすと，大雨が降って増水した川のようすを比べ，問題を見つける。 ・水量が増えたときの流れる水のはたらきについて予想し，調べ方の計画を立てる。 ・流水実験器などを使って，水量と流れる水のはたらきとの関係について調べる。 ・実験結果から，水量が増えると侵食，運搬，堆積のはたらきは，より大きくなることを理解する。 ・川は，台風が近づいたときに大雨が降ったり，梅雨の頃に長雨が続いたりしたときに増水することを理解する。 ・大雨などで川が増水すると流れる水のはたらきが大きくなり，土地のようすが大きく変化する場合があることを理解する。	時間的・空間的　比較 関係付け
○川と災害	1	○川による災害と，防災などについて調べる。 ・大雨などで川が増水すると洪水などの災害が起こり，私たちの生活に影響を与える場合があることを理解する。 ・川による災害を防ぐくふうを，教科書の資料やコンピュータを利用して調べる。 ・川による災害を防ぐために，ダムや遊水地をつくったり，堤防や護岸で川が決壊しないようにしていることを理解する。	時間的・空間的　比較 関係付け
○確かめ	1	○流れる水のはたらきと土地の変化について学んだことを生かして問題を解く。	時間的・空間的 多面的に考える

| 5年 | 教出 |

教科書：p.148〜171　配当時数：13 時間　配当月：11〜1 月

7. 電流が生み出す力

内容の区分　A 物質・エネルギー

関連する道徳の内容項目　C 勤労，公共の精神　D 自然愛護

到達目標

》知識・技能

○コイルと電磁石についてわかる。

○電流の向きが変わると電磁石の極も変わることがわかる。

○電磁石のはたらきの大きさは，電磁石を流れる電流の大きさやコイルの巻き数によって変わることがわかる。

○電磁石のはたらきの大きさを電流の大きさやコイルの巻き数などの条件を制御しながら調べ，その結果を正しく記録することができる。

》思考・判断・表現

○電磁石のはたらきをもっと強くする方法について，これまでに学習したことから予想や仮説を立てることができる。

○予想や仮説を確かめるための実験計画を立てることができる。

○複数の実験の結果から論理的に思考し，結論を導き出すことができる。

○電磁石の極と電流の向きを関係づけてとらえ，その関係についてわかりやすくまとめることができる。

》主体的に学習に取り組む態度　※「主体的に学習に取り組む態度」は方向目標を示しています。

○電磁石の性質について粘り強く追究する活動を通して，電磁石のはたらきの大きさは電流の大きさやコイルの巻き数が関係していることを知り，まとめようとする。

評価規準

》知識・技能

○電流の向きが変わると電磁石の極も変わることを理解している。

○電磁石のはたらきの大きさは，電流の大きさやコイルの巻き数によって変わることを理解している。

○実験方法を考え，変える条件・同じにする条件を明確にした実験を計画している。

○調べたい条件以外の条件は，全て同じにすることを理解している。

○条件制御を適切に行いながら，電磁石のはたらきを大きくする条件を調べる実験を行っている。

○電磁石を流れる電流の大きさやコイルの巻き数の条件に着目して実験し，表にわかりやすく整理して記録している。

●対応する学習指導要領の項目：A(3) ア (ア)(イ)

≫思考・判断・表現

○電磁石のはたらきを大きくする条件について，4年生で学んだ乾電池の数やつなぎ方によって電流の大きさが変わることを思い出して，根拠のある予想や仮説を立てている。

○立てた予想を発表したり，文章にまとめたりしている。

○友だちの意見を聞いて，自分の予想の妥当性について考えている。

○予想を確かめるための実験を計画している。

○電磁石のはたらきの大きさと電流の大きさやコイルの巻き数との関係を，言葉でわかりやすく表現している。

○電磁石の極を変える実験結果から，電流の向きが変わると電磁石の極も変わることを導き出している。

● 対応する学習指導要領の項目：A(3) イ

≫主体的に学習に取り組む態度

○電磁石のはたらきの大きさと電流の大きさやコイルの巻き数との関係を調べる実験計画について，友だちとの話し合いを通して自らの考えを見直している。

○電磁石のはたらきの大きさと電流の大きさやコイルの巻き数との関係について問題を見つけ，根拠のある予想・仮説をもとに実験している。

○電磁石の性質の学習で，わかったこととまだわからないこと，できるようになったこととまだできないことが何かを，自分で考えている。

関連する既習内容

学年		内容
3	年	電気の通り道
3	年	磁石の性質
4	年	電流の働き

学習活動

小単元名	時数	学習活動	見方・考え方
1. 電磁石の性質①	2	○電磁石の性質を利用した魚釣りゲームをする。 ・教科書 P.148～150 を参考にして仕掛けや釣竿を作り，魚釣りゲームをする。 ・コイルの中に鉄心を入れて電流を流すと，中の鉄心が鉄を引きつけるようになるものを，電磁石ということを理解する。 ・電磁石の両端が磁石と同様に N 極，S 極になっているということを方位磁針を使って調べ，問題を見つける。	量的・関係的　比較 関係付け
1. 電磁石の性質②	2	○電流の向きと電磁石の極との関係を調べる。 ・電流の向きと電磁石の極との関係について，4年生で学んだ電流のはたらきを思い出しながら予想し，実験の計画を立てる。 ・乾電池の向きを変えると，電磁石の N 極と S 極が入れ替わるのかを調べ，結果を記録する。 ・実験の結果から，回路に流す電流の向きを変えると，電磁石の N 極と S 極も入れ替わることを導き出す。	量的・関係的　比較 関係付け

2. 電磁石のはたらき	6	○電磁石のはたらきを大きくする方法を調べる。 ・4年生で学んだ乾電池の数やつなぎ方と電流の大きさとの関係を思い出しながら予想し，電流計を使った実験計画を立てる。 ・電流計や電源装置の使い方を理解する。 ・乾電池の数を変えて電流の大きさを変え，それぞれのクリップを引きつける数を調べる。 ・コイルの巻き数を変えて，それぞれのクリップを引きつける数を調べる。 ・電流を大きくしたり，コイルの巻き数を増やしたりすると，電磁石がクリップを引きつける力が強くなることを理解する。 ・実験から，電磁石のはたらきの大きさは，電磁石に流れる電流の大きさやコイルの巻き数によって変わることを導き出す。	量的・関係的　比較 関係付け　条件制御
○電磁石の利用	2	○電磁石を利用した道具を作る。 ・身の回りには，電磁石の性質を利用した道具がたくさんあることを理解する。 ・電磁石の性質を利用した道具を考え，計画書を書いて作る。	量的・関係的 多面的に考える
○確かめ	1	○電磁石の性質について学んだことを生かして問題を解く。	量的・関係的 多面的に考える

5年	教出

教科書：p.172～185　配当時数：6時間　配当月：1月

8. 人のたんじょう

内容の区分	B 生命・地球
関連する道徳の内容項目	D 生命の尊さ／自然愛護

到達目標

≫知識・技能

○人もメダカと同じように受精卵から成長していくことがわかる。

○子宮内のようすや，胎盤，へその緒についてわかる。

○人は約38週かけて母親の子宮の中で羊水に守られて育つことと，胎盤とへその緒を通して母親から成長に必要な養分などを受け取って成長していくことがわかる。

○母体内での胎児の成長について，本やコンピュータなどから，必要な情報を正確に集めることができる。

≫思考・判断・表現

○母体内での胎児の成長について，学習したメダカの受精卵のようすなどを振り返り，根拠のある予想や仮説を立てることができる。

○予想を確かめるためにはどのように調べればよいのか，具体的に計画を立てることができる。

○母体内での胎児の成長のようすについて，調べた結果をもとに，図やグラフ，言葉を使ってわかりやすくまとめ，発表することができる。

≫主体的に学習に取り組む態度　　※「主体的に学習に取り組む態度」は方向目標を示しています。

○人の誕生について粘り強く調べる活動を通して，人は母体内で約38週かけて成長してから生まれることを知り，母体内で成長していくようすについてまとめようとする。

評価規準

≫知識・技能

○子宮，胎児，胎盤，へその緒などについて理解している。

○人は約38週かけて母親の子宮の中で羊水に守られて育つことと，その成長の変化のようすを理解している。

○胎児は，胎盤とへその緒を通して母親から成長に必要な養分などを受け取って成長していくことを理解している。

○母体内での胎児の成長について，本やコンピュータなどを利用して，必要な情報を集めている。

○子宮の中のようすを胎児の成長に必要な養分に着目して調べ，ノートに正確に記録している。

○母体内での胎児の成長のようすを図やグラフ，言葉などでわかりやすくまとめている。

→ 対応する学習指導要領の項目：B(2) ア (イ)

≫思考・判断・表現

○母体内での胎児の成長のようすについて，これまでに学習したメダカの誕生の内容などから，根拠のある予想や仮説を立てている。

○立てた予想を発表したり，文章にまとめたりしている。

○友だちの意見を聞いて，自分の予想の妥当性について考えている。

○予想を確かめるために，どのように調べればよいかを計画している。

○受精から誕生までの母体内での胎児の変化について調べた結果をもとに発表し合い，メダカのたまごの中での成長と比較して考察している。

○考察から，人もメダカと同様に，受精卵から徐々に成長していくことを導き出している。

●対応する学習指導要領の項目：B(2) イ

≫主体的に学習に取り組む態度

○人の誕生について問題を見つけ，今までの経験から根拠のある予想・仮説を立てて，自分の考えをまとめている。

○胎児の身長や体重の変化について調べたことを発表するために，わかりやすい図や言葉でポスターにくふうしてまとめようとしている。

○人の誕生の学習で，わかったこととまだわからないこと，できるようになったこととまだできないことが何かを，自分で考えている。

○人の誕生に関心をもって，人の命を大切にしようとしている。

関連する既習内容

学年		内容
3	年	身の回りの生物
4	年	季節と生物
5	年	植物の発芽，成長，結実
5	年	動物の誕生 (魚)

学習活動

小単元名	時数	学習活動	見方・考え方
○人のたんじょう①	4	○人の受精卵が母親の体内で成長し生まれてくるまでのようすを調べる。 ・教科書 P.172〜174 の資料などから，人の誕生について不思議に思ったことを話し合い，問題を見つける。 ・女性の体内でつくられた卵(卵子)と男性の体内でつくられた精子が受精して受精卵ができることを理解する。 ・受精した卵を受精卵ということと，人もメダカと同じように受精卵から成長していくことを理解する。 ・人の受精卵が母親の体内でどのように育つのか，メダカの誕生で学んだことから予想し，調べ方の計画を立てる。 ・本やコンピュータなどを利用して，母体内での胎児の成長のようすを調べる。 ・子宮や子宮の中のようすについて理解する。 ・胎児は，胎盤とへその緒で母親とつながっていることを理解する。 ・胎盤を通して，母親から胎児へと養分を運び，胎児から母親へ不要なものを運んでいることを理解する。 ・人の受精卵は，約38週かけて母親の子宮の中で徐々に人のすがたに育ってから生まれてくることを理解する。 ・人は，身長約50cm，体重約3000gで生まれてくることを理解する。 ・人はやがて成長し，次の世代へと生命をつないでいくことを理解する。	共通性・多様性　比較
○人のたんじょう②	1	○人の誕生について，調べてわかったことや感じたことをポスターなどにまとめ，発表する。 ・母体内での胎児の成長や子宮の中のようすについて図やグラフ，言葉などでまとめる。 ・まとめたことをグループごとに発表する。	共通性・多様性　比較
○確かめ	1	○人の誕生について学んだことを生かして問題を解く。	共通性・多様性 多面的に考える

5年

5年	教出

教科書：p.186〜187　配当時数：1時間　配当月：1月

● 受けつがれる生命

内容の区分	B 生命・地球

関連する道徳の内容項目	D 生命の尊さ／自然愛護

到達目標

》知識・技能
○これまでの学習を振り返って，生命の連続性について理解する。

》思考・判断・表現
○これまでの学習を振り返り，動物も植物も生命が連続しているという共通点に気づき，発表する。

》主体的に学習に取り組む態度　※「主体的に学習に取り組む態度」は方向目標を示しています。
○受けつがれる生命について粘り強く調べる活動を通して，動物や植物が次の世代へ生命をつないでいくようすについてまとめようとする。

評価規準

》知識・技能
○動物や植物の生命は，長い年月をかけて受け継がれてきたということを理解している。
　　　　　　　　　　　　　　　　　　　　　　● 対応する学習指導要領の項目：B(1) ア（エ）　(2) ア（ア）（イ）

》思考・判断・表現
○動物も植物も，生命が連続してずっと昔から続いていることをわかりやすくまとめ，発表している。
　　　　　　　　　　　　　　　　　　　　　　　　● 対応する学習指導要領の項目：B(1) イ　(2) イ

》主体的に学習に取り組む態度
○受けつがれる生命の学習で，わかったこととまだわからないこと，できるようになったこととまだできないことが何かを，自分で考えている。
○生命の連続性に関心をもって，生命を大切にしようとしている。

関連する既習内容

学年		内容
5	年	植物の発芽，成長，結実
5	年	動物の誕生

学習活動

小単元名	時数	学習活動	見方・考え方
○受けつがれる生命	1	○これまでに学習してきたことを振り返り，生命の連続性について考える。 ・人やメダカなどの動物は，生まれた子が育ち，次の世代へと生命をつなげていることを理解する。 ・アサガオなどの植物は，種子が発芽して成長することで，次の世代へと生命をつなげていることを理解する。 ・人やほかの生き物の生命は，長い間受け継がれてきたということを理解し，まとめる。	共通性・多様性　比較 多面的に考える

5年	教出

教科書：p.188～215　配当時数：18 時間　配当月：2～3 月

9. もののとけ方

内容の区分　A 物質・エネルギー

関連する道徳の内容項目　C 伝統と文化の尊重，国や郷土を愛する態度　D 自然愛護

到達目標

》知識・技能

○物が水に溶けても，水と物を合わせた全体の重さは変わらないことがわかる。

○物が水に溶ける量には限度があることがわかる。

○物が水に溶ける量は，水の量や温度，溶ける物によって異なることがわかる。

○物が水に溶ける量は水の量や温度によって違うことを利用して，溶けている物を取り出せることがわかる。

○物が水に溶ける量を調べる実験を条件制御しながら適切に行い，その結果を正確に記録することができる。

》思考・判断・表現

○物が水に溶ける量と水の量や温度との関係について，今までの経験などから根拠のある予想や仮説を立てることができる。

○予想や仮説を確かめるための実験計画を立てることができる。

○物が水に溶ける量と水の量や温度を関係づけてとらえ，その関係についてわかりやすくまとめることができる。

》主体的に学習に取り組む態度　※「主体的に学習に取り組む態度」は方向目標を示しています。

○物の溶け方について粘り強く追究する活動を通して，物の溶け方には水の量や温度が関係していることを知り，物の溶け方をまとめようとする。

評価規準

》知識・技能

○物が水に溶けても，水と物を合わせた全体の重さは変わらないことを理解している。

○物が水に溶ける量には限度があり，物が水に溶ける量と水の量や温度との関係について理解している。

○物が水に溶ける量は水の量や温度によって違うことを利用して，溶けている物を取り出せることを理解している。

○水の量や温度に着目して実験し，表にわかりやすく整理して記録している。

○メスシリンダーやろ過器具などを，適切に取り扱って安全に実験を行っている。

○条件制御を適切に行いながら，物が水に溶ける量を調べる実験を行い，その結果を正確に記録している。

● 対応する学習指導要領の項目：A(1) ア (ア)(イ)(ウ)

》思考・判断・表現

○物が水に溶ける量と水の量や温度との関係について，今までに生活のなかで経験したことなどから，根拠のある予想や仮説を立てている。

○立てた予想を発表したり，文章にまとめたりしている。

○友だちの意見を聞いて，自分の予想の妥当性について考えている。

○予想を確かめるための実験を計画している。

○食塩とミョウバンを使った実験結果から，物が水に溶ける量は，水の量や温度，溶ける物によって違うことを導き出している。

● 対応する学習指導要領の項目：A(1) イ

≫主体的に学習に取り組む態度

○物の溶け方のきまりについて問題を見つけ，根拠のある予想・仮説をもとに実験計画を立て，実験結果から自分の考えをまとめている。
○物が水に溶ける量と水の量や温度との関係を調べる実験計画について，友だちとの話し合いを通して自らの考えを見直している。
○物の溶け方の学習で，わかったこととまだわからないこと，できるようになったこととまだできないことが何かを，自分で考えている。

関連する既習内容

学年		内容
3	年	物と重さ
4	年	金属，水，空気と温度 (水の三態変化)

学習活動

小単元名	時数	学習活動	見方・考え方
1. 食塩のとけ方①	2	○水に食塩を溶かすと，水溶液の重さはどうなるのか調べる。 ・細長いビニル袋に入った水に食塩が溶けるようすを観察する。 ・水溶液は，水に物が溶けた透明な液体であることを理解する。 ・ビーカーに入った水に食塩を溶かしたときのようすを観察し，気づいたことを話し合って問題を見つける。 ・水に食塩を溶かすと水溶液全体の重さがどうなるのか予想し，調べ方の計画を立てる。 ・電子てんびんの使い方を理解する。 ・物を水に溶かす前の全体の重さと，物を溶かした後の全体の重さを，それぞれはかる。 ・実験の結果から，物を水に溶かした重さと，溶かす前の水と物を合わせた重さは同じであることを理解する。 ・水に溶かした食塩は，食塩を溶かす前後で全体の重さが変わらないことから，目に見えなくても食塩水の中にあると理解する。	質的・実体的　比較 関係付け
1. 食塩のとけ方②	2	○水に食塩が溶ける量には限りがあるのか調べる。 ・水に食塩が溶ける量に限りがあるのかどうかを予想し，調べ方の計画を立てる。 ・メスシリンダーの使い方を理解する。 ・水の量を一定にして，食塩を溶かしていくと溶け残りが出てくることから，食塩が水に溶ける量には限度があることを導き出す。	質的・実体的　比較 関係付け　条件制御
1. 食塩のとけ方③	3	○水に食塩をたくさん溶かすにはどうすればよいか調べる。 ・水に食塩をたくさん溶かす方法を予想し，調べ方の計画を立てる。 ・条件を制御しながら，水の量を増やす実験と，水の温度を上げる実験を行い，結果を記録する。 ・実験結果から，食塩は水の量を増やすと水に溶ける量が増えるが，水の温度を上げても水に溶ける量はあまり変わらないことを導き出す。	質的・実体的　比較 関係付け　条件制御

2. ミョウバンのとけ方①	2	○水にミョウバンが溶ける量には限りがあるのか調べる。 ・水にミョウバンが溶ける量に限りがあるのかどうかを食塩と同じ方法で調べる。 ・水の量を一定にして，ミョウバンを溶かしていくと溶け残りが出てくることから，ミョウバンが水に溶ける量には限度があることを導き出す。 ・食塩とミョウバンで実験した結果から，一定量の水に溶ける物の量には限りがあり，溶ける量は食塩とミョウバンで違うことを理解する。	質的・実体的　比較 関係付け　条件制御
2. ミョウバンのとけ方②	3	○水にミョウバンをたくさん溶かすにはどうすればよいか調べる。 ・水にミョウバンをたくさん溶かす方法を予想し，食塩と同じ調べ方で計画を立てる。 ・条件を制御しながら，水の量を増やす実験と，水の温度を上げる実験を行い，結果を記録する。 ・実験結果から，ミョウバンは水の量を増やしたり，水の温度を上げたりすれば水に溶ける量が増えることを導き出す。 ・実験の結果から，物が水に溶ける量は，水の量や温度，溶かす物によって違うことを導き出す。	質的・実体的　比較 関係付け　条件制御
3. とけているものが出てくるとき	5	○水溶液に溶けている物を取り出す方法を調べる。 ・水の温度を上げてミョウバンを溶かした水溶液をしばらく置いたままにしてくと，ミョウバンの溶け残りが増えたことから，問題を見つける。 ・水溶液に溶けているミョウバンを取り出す方法を予想する。 ・ミョウバンの水溶液からミョウバンを取り出す実験の計画を立てる。 ・水溶液をろ過し，ろ液から溶け残りの粒を分ける方法を理解する。 ・ミョウバンの水溶液の温度を下げる実験と，水の量を減らす実験をする。 ・水溶液の温度を下げたり水の量を減らしたりすると，水に溶けているミョウバンを取り出すことができることを導き出す。	質的・実体的　比較 関係付け　条件制御
○確かめ	1	○物の溶け方について学んだことを生かして問題を解く。	質的・実体的 多面的に考える

MEMO

6年 教出　　　　　　　　　　　　　教科書：p.10～27　配当時数：9時間　配当月：4～5月

1. ものの燃え方と空気

内容の区分　A 物質・エネルギー

関連する道徳の内容項目　C 国際理解，国際親善　D 自然愛護

到達目標

≫知識・技能

○物が燃えるときには，空気中の酸素が使われて二酸化炭素ができることがわかる。

○物が燃えたときの空気の変化や，物が燃えることについて，わかりやすくまとめることができる。

○物の燃焼の前後の空気を比べる実験を適切に行い，その結果を記録することができる。

≫思考・判断・表現

○物が燃えたときの空気の変化について，根拠のある予想や仮説を立てることができる。

○予想や仮説を確かめるための実験計画を立てることができる。

○物が燃えたときの空気の変化について，より妥当な考えをつくりだし，表現することができる。

≫主体的に学習に取り組む態度　　※「主体的に学習に取り組む態度」は方向目標を示しています。

○燃焼の仕組みについて粘り強く追究する活動を通して，物が燃えたときの空気の変化を知り，燃焼の仕組みをまとめようとする。

評価規準

≫知識・技能

○瓶の中で物が燃え続けるには，空気が入れ替わる必要があることを理解している。

○空気にはおもに，窒素，酸素，二酸化炭素が含まれていることを理解している。

○酸素には物を燃やすはたらきがあることを理解している。

○気体検知管や石灰水を用いて，物の燃焼の前後の空気を比べる実験を適切に行っている。

○物が燃えると，空気中の酸素の一部が使われて，二酸化炭素ができることを理解している。

○物の燃焼実験の結果を，正確に記録している。

　　　　　　　　　　　　　　　　　　　　　　　　　● 対応する学習指導要領の項目：A(1) ア (ア)

≫思考・判断・表現

○底のある瓶を被せてろうそくを燃やすとやがて火が消えたことをもとに，燃焼の仕組みについて根拠のある予想を立てている。

○立てた予想を発表したり，文章にまとめたりしている。

○友だちの意見を聞いて，自分の予想の妥当性について考えている。

○予想を確かめるための実験を計画している。

○物が燃えた後，空気中の酸素が減って二酸化炭素が増えていたことから，燃焼の仕組みについて多面的に考察している。

○気体検知管や石灰水を用いた実験結果を総合的にとらえて考察し，物が燃えると，空気中の酸素の一部が使われて，二酸化炭素ができることを導き出している。

　　　　　　　　　　　　　　　　　　　　　　　　　● 対応する学習指導要領の項目：A(1) イ

》主体的に学習に取り組む態度

○燃焼の仕組みについて問題を見つけ，根拠のある予想・仮説を立てて実験し，実験内容と結果を関係づけて自分の考えを
まとめている。

○物が燃えるということに興味・関心をもち，物が燃える前後の空気の変化を進んで調べている。

○燃焼の実験計画について，友だちとの話し合いを通して自らの考えを見直している。

○燃焼の実験結果をもとに考察したことについて，自分の意見を図を使って人にわかりやすく伝えるくふうをしている。

○燃焼の仕組みの学習で，わかったこととまだわからないこと，できるようになったこととまだできないことが何かを，自
分で考えている。

関連する既習内容

学年		内容
4	年	空気と水の性質
4	年	金属，水，空気と温度 (温まり方の違い)

学習活動

小単元名	時数	学習活動	見方・考え方
1. ものを燃やしたとき	3	○密閉された瓶の中で物を燃やすと火が消える理由を調べる。 ・教科書 P.10，11 のキャンプファイヤーや飯盒炊爨，ランタンなど，物を燃やしている場面の写真を見る。 ・底のある瓶と底のない瓶を被せた中でろうそくが燃えるようすを見て，気づいたことを話し合い，問題を見つける。 ・密閉された瓶の中のろうそくの火が消えた理由を予想し，調べ方の計画を立てる。 ・火が消えた後の瓶の中に，再び火のついたろうそくを入れるとすぐに消えたことから考察する。 ・密閉された瓶の中のろうそくの火が消えたのは，中の空気の性質が変わり，物を燃やすはたらきがなくなったからだということを導き出す。	質的・実体的 関係付け
2. ものを燃やすはたらき①	2	○空気の成分がわかり，物を燃やすはたらきのある気体を調べる。 ・空気は，窒素，酸素，二酸化炭素などの気体からできていることと，それらの体積の割合を理解する。 ・窒素，酸素，二酸化炭素に物を燃やすはたらきがあるかどうか予想し，調べ方の計画を立てる。 ・水上置換による気体の集め方を理解する。 ・窒素，空気を入れた瓶の中それぞれに火のついたろうそくを入れ，窒素の中での燃え方を空気中での燃え方と比べる。 ・酸素，二酸化炭素についても，窒素と同じように調べる。 ・実験の結果から，物を燃やすはたらきのある気体は酸素で，窒素や二酸化炭素には物を燃やすはたらきがないことを理解する。	質的・実体的　比較

2. ものを燃やすはたら き②	3	○ろうそくを燃やす前と燃やした後の瓶の中の空気の変化について 調べる。 ・酸素と空気を入れた瓶の中でろうそくを燃やしたときのようすか ら，問題を見つける。 ・モデル図を使って，燃焼前後で空気の成分の変化について予想 する。 ・気体検知管の使い方を理解する。 ・気体検知管を使って，ろうそくを燃やす前と燃やした後の空気の 変化について調べ，その結果を記録する。 ・気体検知管を使って調べたことから，物の燃焼前後の空気の変化 についてまとめる。 ・物が燃えると，空気中の酸素の一部が使われて減り，二酸化炭素 が増えることを理解する。	質的・実体的　比較
○確かめ	1	○燃焼の仕組みについて学んだことを生かして問題を解く。	質的・実体的 多面的に考える

6年	教出

教科書：p.28〜59　配当時数：14時間　配当月：5〜6月

2. 人や他の動物の体

内容の区分　B 生命・地球

関連する道徳の内容項目　C 勤労，公共の精神　D 生命の尊さ／自然愛護

到達目標

》知識・技能

○人の呼吸，消化・吸収，血液の循環，排出に関わる体内の各器官のつくりとはたらきがわかる。

○人の体とほかの動物の体との差異点や共通点がわかる。

○呼吸の仕組みや唾液のはたらきを調べる実験が安全にできる。

○人の体のつくりやはたらきについて，本やコンピュータなどで必要な情報を集めることができる。

》思考・判断・表現

○人やほかの動物の呼吸，消化・吸収，血液の循環，排出について，経験したことや既習内容から予想を立てることができる。

○予想や仮説を確かめるための実験計画を立てることができる。

○実験の結果や調べたことを多面的に考察し，妥当な結論を導き出すことができる。

》主体的に学習に取り組む態度　　※「主体的に学習に取り組む態度」は方向目標を示しています。

○人の体のつくりとはたらきについて粘り強く追究する活動を通して，生命を維持するはたらきを知り，生命を尊重しようとする。

評価規準

》知識・技能

○人は呼吸によって体内に酸素を取り入れ，体外に二酸化炭素を出していることを理解している。

○血液は，心臓のはたらきで体内を循環し，養分，酸素，二酸化炭素などを運んでいることを理解している。

○食べ物は，口，胃，腸などの消化管を通る間に消化・吸収され，吸収されなかった物は排出されることを理解している。

○体内には，生命活動を維持するための様々な臓器があることと，そのはたらきを理解している。

○呼吸の仕組みや唾液のはたらきを調べる実験を安全に行っている。

○呼吸の仕組みや唾液のはたらきを調べる実験の結果を，正確に記録している。

○動物の体の構造や各器官のはたらきについて，本やコンピュータなどで必要な情報を集めている。

　　　　　　　　　　　　　　　　　　　　　　　　　　　　● 対応する学習指導要領の項目：B(1) ア (ア)(イ)(ウ)(エ)

》思考・判断・表現

○人の体のつくりやはたらきについて問題を見つけている。

○燃焼の仕組みで学習したことから，呼吸のはたらきについて予想し，実験の計画を立てている。

○友だちの意見を聞いて，自分の予想の妥当性について考えている。

○人の体のつくりやはたらきについて，呼吸や消化・吸収，血液のはたらきから総合的に考えている。

○実験結果や本やコンピュータなどで調べたことをもとに考察し，人やほかの動物は様々な臓器が関わり合いながら生命を維持していることを導き出している。

　　　　　　　　　　　　　　　　　　　　　　　　　　　　　　　● 対応する学習指導要領の項目：B(1) イ

≫主体的に学習に取り組む態度

○動物の体の構造やはたらきに興味・関心をもち，本やコンピュータなどを活用しながら調べている。

○呼吸のはたらきを調べる実験計画について，友だちとの話し合いを通して自らの考えを見直している。

○唾液のはたらきを調べる実験結果をもとに考察したことについて，自分の意見を人にわかりやすく伝えるくふうをしている。

○人の体のつくりとはたらきの学習で，わかったこととまだわからないこと，できるようになったこととまだできないことが何かを，自分で考えている。

○動物の体のつくりやはたらきに関心をもって，生命を大切にしようとしている。

関連する既習内容

学年		内容
3	年	身の回りの生物
4	年	人の体のつくりと運動
5	年	動物の誕生
6	年	燃焼の仕組み

学習活動

小単元名	時数	学習活動	見方・考え方
○導入	1	○人やほかの動物の生命を保つための体の仕組みについて考える。 ・教科書 P.28, 29 の写真などから，動物が生命を保つためには空気・食べ物・水が必要であることを理解する。 ・動物が生命を保つために必要な空気・食べ物・水それぞれについて問題を見つける。	共通性・多様性　比較 関係付け
1. 体の中に取り入れた空気①	3	○吸い込む空気と吐き出した息について調べる。 ・燃焼の仕組みの学習を振り返り，吸い込む空気と吐き出した息について予想し，調べる方法を考え，話し合う。 ・吸い込む空気と吐き出した息をそれぞれ袋に入れ，気体検知管や石灰水を使って調べ，その結果を記録する。 ・気体検知管や石灰水を使って調べたことから，吸い込む空気と吐き出した息の違いについてまとめる。 ・実験の結果を整理し，吸い込む空気と吐き出した息の違いから呼吸の仕組みについて考察する。 ・人は呼吸で，空気中の酸素の一部を体内に取り入れ，二酸化炭素を体外に出していることを理解する。	質的・実体的　比較 多面的に考える
1. 体の中に取り入れた空気②	1	○呼吸の仕組みについて調べる。 ・呼吸の仕組みについて，本やコンピュータなどを活用して調べ，調べた結果をわかりやすくまとめる。 ・鼻や口から吸った空気は，気管を通って肺に送られることを理解する。 ・肺を通して血液中に空気中の酸素の一部を取り入れ，血液中から不要な二酸化炭素などが出されることを理解する。	共通性・多様性 関係付け

2. 体の中に取り入れた食べ物①	2	○でんぷんと唾液のはたらきとの関係を調べる。 ・ご飯を食べると甘く感じる経験から，でんぷんと唾液のはたらきについて問題を見つける。 ・唾液のはたらきについて予想し，調べ方の計画を立てる。 ・ご飯に含まれているでんぷんが唾液によってどのように変化するのか，ヨウ素液を使って調べ，その結果を記録する。 ・実験の結果から，食べ物に含まれるでんぷんは，口の中で唾液とまざるとでんぷんではない別のものに変化することを導き出す。 ・消化の意味と消化液について理解する。	共通性・多様性　比較 関係付け
2. 体の中に取り入れた食べ物②	2	○食べ物の体内での消化と吸収の仕組みについて調べる。 ・本やコンピュータなどを使って，体内での食べ物の通り道や消化と吸収の仕組みについて調べる。 ・口から肛門までの食べ物の通り道を消化管ということを理解する。 ・口から取り入れた食べ物が，消化管を通って肛門から便として体外に排出される流れを理解している。 ・消化された養分は小腸で吸収され，吸収されなかったものは便として肛門から排出されることを理解する。 ・胃や小腸，大腸，肝臓，肺などを臓器ということを理解する。 ・体内の様々な臓器の名称やはたらき，体内での位置を理解する。 ・調べた結果を図や言葉でわかりやすく整理し，消化や吸収の仕組みについてまとめる。	共通性・多様性 関係付け 多面的に考える
3. 血液中に取り入れたもののゆくえ	2	○血液中に取り入れた酸素や養分が，体の中を運ばれる仕組みについて調べる。 ・血液中に取り入れた酸素や養分が体中に運ばれるのは，心臓のはたらきによるものだということを理解する。 ・聴診器で心臓の拍動数を調べたり，手首を指で押さえて脈拍数を調べたりして，問題を見つける。 ・血液の通り道や，血液中に取り入れた酸素や養分のゆくえについて，本やコンピュータなどを使って調べる。 ・血液が心臓のはたらきで体内をめぐることで，酸素や養分を体中に運び，二酸化炭素を体中から運び出していることを理解する。 ・腎臓は，血液中から不要になったものを取り除いて尿をつくることを理解する。 ・心臓や腎臓のはたらきや血液の循環について，わかったことをまとめる。	共通性・多様性 関係付け
4. 生きていくための体の仕組み	1	○人が生命を維持するための体の仕組みについてまとめる。 ・呼吸の仕組み，消化・吸収の仕組み，血液の流れの仕組みについて学んだことから総合的に考え，まとめる。 ・教科書P.50～53の図を利用して，様々な臓器どうしの関わりについて説明する。 ・人の体は，様々な仕組みが関わり合って生命を維持していることを導き出す。	共通性・多様性 関係付け 多面的に考える
○他の動物の体	1	○人以外の動物の体の仕組みについて理解する。 ・イヌやフナなどの動物の体の仕組みについて，呼吸や消化・吸収，血液の流れる仕組みに着目して理解する。	共通性・多様性 関係付け
○確かめ	1	○人の体のつくりとはたらきについて学んだことを生かして問題を解く。	共通性・多様性 多面的に考える

| 6年 | 教出 |

教科書：p.60〜81　配当時数：15 時間　配当月：6〜7 月

3. 植物の体

| 内容の区分 | B 生命・地球

| 関連する道徳の内容項目 | D 自然愛護

到達目標

≫知識・技能

○根・茎・葉には水の通り道があることがわかる。

○根から取り入れられた水は，水の通り道を通って体全体に行き渡り，葉から蒸散していることがわかる。

○葉の蒸散実験を適切に行い，その結果を記録することができる。

○葉に日光が当たると，でんぷんができることがわかる。

○植物も動物と同じように呼吸をしていることと，日光が当たると二酸化炭素を取り入れ酸素を出していることがわかる。

○植物が出し入れする気体が何かを調べる実験を適切に行い，その結果を記録することができる。

≫思考・判断・表現

○植物と水や養分との関わりについて問題を見つけることができる。

○予想や仮説を確かめるための実験計画を立てることができる。

○葉の蒸散実験の結果から，より妥当な考えを導き出し，表現することができる。

○日光とでんぷんのでき方との関係を調べる実験結果から，より妥当な考えを導き出し，表現することができる。

○植物の体の仕組みについて，水と養分の両面から総合的に考えることができる。

≫主体的に学習に取り組む態度　　※「主体的に学習に取り組む態度」は方向目標を示しています。

○植物と水や養分との関わりについて粘り強く追究する活動を通して，植物の体の仕組みを知り，まとめようとする。

評価規準

≫知識・技能

○植物の水の通り道を理解している。

○根から取り入れられた水は，葉から蒸散していることを理解している。

○植物の蒸散実験を条件制御しながら適切に行い，結果を正確に記録している。

○でんぷんができるためには，葉に日光が当たることが必要であることを理解している。

○植物も動物と同じように呼吸をして，酸素を取り入れ二酸化炭素を出すことを理解している。

○植物は，日光が当たると二酸化炭素を取り入れ酸素を出すことを理解している。

● 対応する学習指導要領の項目：B(2) ア (ア)(イ)

≫思考・判断・表現

○植物の水の通り道の実験結果をもとに，葉まで行き渡った水のゆくえについて根拠のある予想を立てている。

○立てた予想を発表したり，文章にまとめている。

○友だちの意見を聞いて，自分の予想の妥当性について考えている。

○予想を確かめるための実験を計画している。

○植物の蒸散実験の結果をもとに，葉まで行き渡った水のゆくえについて考え，わかりやすく表現している。

○実験結果をもとに，葉にでんぷんができるために必要な条件について考え，わかりやすく表現している。

● 対応する学習指導要領の項目：B(2) イ

≫主体的に学習に取り組む態度

○植物と水や養分との関わりについて問題を見つけ，根拠のある予想・仮説を立てて実験し，実験内容と結果を関係づけて自分の考えをまとめている。

○植物の水の通り道を調べる実験計画について，友だちとの話し合いを通して自らの考えを見直している。

○日光とでんぷんのでき方との関係を調べる実験結果をもとに考察したことについて，自分の意見を人にわかりやすく伝えるくふうをしている。

○植物の養分と水の通り道の学習で，わかったこととまだわからないこと，できるようになったこととまだできないことが何かを，自分で考えている。

○植物に関心をもって，大切にしようとしている。

関連する既習内容

学年		内容
3	年	身の回りの生物
4	年	季節と生物
4	年	人の体のつくりと運動
5	年	植物の発芽，成長，結実

学習活動

小単元名	時数	学習活動	見方・考え方
1. 水の通り道①	3	○植物の水の通り道を調べる。 ・教科書 P.60，61 のしおれたホウセンカに水を与えるともとに戻るようすを見て，気づいたことを話し合い，問題を見つける。 ・植物が体中に水を運ぶ体のつくりについて予想し，実験の計画を立てる。 ・植物の根を染色液に浸して，植物の体を染める実験をする。 ・根や茎や葉を縦や横に切って観察し，染色液で染まった部分を記録する。 ・根，茎，葉には細い管があり，根から取り入れられた水はここを通って体のすみずみにまで運ばれることを理解する。	共通性・多様性 関係付け 多面的に考える

1. 水の通り道②	2	○植物に取り入れられ，葉まで運ばれた水は，その後どうなるのかを調べる。 ・植物の水の通り道を調べた結果から，葉まで運ばれた水がどうなるのかを予想する。 ・ホウセンカの葉を取り去った枝と葉をつけたままの枝で蒸散実験をして，その結果を記録する。 ・実験結果から，水はおもに葉にある小さい穴から水蒸気として出ていくことを理解し，まとめる。 ・水が水蒸気となって植物から出ていくことを蒸散ということを理解する。	共通性・多様性　比較 関係付け　条件制御
2. 植物とでんぷん	5	○植物とでんぷんとの関係について調べる。 ・インゲンマメの葉にでんぷんがあるのかをヨウ素液を使って調べ，問題を見つける。 ・5年生の植物の成長で学習したことから，葉のでんぷんのでき方について根拠のある予想をもつ。 ・葉に日光が当たるとでんぷんができるかどうかを調べる方法を考える。 ・日光以外の条件を同じにして，日光とでんぷんのでき方との関係を調べる。 ・でんぷんの有無を，ヨウ素液を使って調べる。 ・実験結果から，葉に日光が当たるかどうかと，葉にでんぷんができるかどうかということを関係づけて考察する。 ・植物は，葉に日光が当たると，でんぷんをつくり出すことを導き出す。	共通性・多様性　比較 関係付け　条件制御
3. 植物と気体	3	○植物と気体との関わりについて調べる。 ・教科書 P.76 の水草が気体を出しているようすを見て，問題を見つける。 ・光が当たっている植物が出し入れしている気体について予想し，実験の計画を立てる。 ・植物に被せた袋の中の酸素や二酸化炭素の量の変化を気体検知管で調べる。 ・植物も動物と同じように，呼吸をして酸素を取り入れ二酸化炭素を出していることを理解する。 ・光が当たると，植物は二酸化炭素を取り入れ酸素を出すことを理解する。	共通性・多様性　比較 関係付け
○植物が生きていくための体の仕組み	1	○植物が生命を維持するための体の仕組みについてまとめる。 ・植物と，水や養分，空気との関わりについて学んだことから総合的に考え，まとめる。	共通性・多様性 関係付け 多面的に考える
○確かめ	1	○植物の養分と水の通り道について学んだことを生かして問題を解く。	共通性・多様性 多面的に考える

| 6年 | 教出 |

教科書：p.86〜101　配当時数：8時間　配当月：9月

4. 生き物と食べ物・空気・水

内容の区分　B 生命・地球

関連する道徳の内容項目　D 生命の尊さ／自然愛護

到達目標

≫知識・技能

○生物は，「食べる・食べられる」という関係でつながっていることと，動物の食べ物のもとをたどると植物に行きつくことが
　わかる。

○生物どうしの「食べる・食べられる」という一連の関係を食物連鎖ということがわかる。

○生物の空気や水を通した環境との関わりについてわかる。

○本やコンピュータなどの様々な資料を利用して，必要な情報を集めることができる。

≫思考・判断・表現

○生物と食べ物，空気，水との関わりを調べる活動を通して自然界のつながりを総合的にとらえ，生物と環境との関係を図や
　言葉を使ってわかりやすくまとめることができる。

≫主体的に学習に取り組む態度　※「主体的に学習に取り組む態度」は方向目標を示しています。

○生物と環境との関わりについて粘り強く追究する活動を通して，生物が水や空気を通して周囲の環境と関わって生きている
　ことや，生物間には「食べる・食べられる」という関係があることを知り，まとめようとする。

評価規準

≫知識・技能

○生物は，「食べる・食べられる」という関係でつながっていることを理解している。

○動物の食べ物のもとをたどると，植物に行きつくことを理解している。

○生物どうしの「食べる・食べられる」という一連の関係を食物連鎖ということを理解している。

○生物の空気や水を通した環境との関わりについて理解している。

○本やコンピュータなどを活用し，必要な情報を集めている。

──────▶ 対応する学習指導要領の項目：B(3) ア (ア)(イ)

≫思考・判断・表現

○今までに学習したことをもとに，生物が食べ物や空気を通してどのように関わり合っているのかということや，水と生物
　との関係について，根拠のある予想を立てている。

○立てた予想を発表したり，文章にまとめている。

○友だちの意見を聞いて，自分の予想の妥当性について考えている。

○予想を確かめるための観察を計画している。

○生物の食べ物を通した関わり合いについて，様々な動物の食べ物を調べた結果をもとに発表し合い，多面的に考察して
　いる。

○考察から，生物と食べ物，空気，水との関わりを総合的に導き出してまとめている。

──────▶ 対応する学習指導要領の項目：B(3) イ

》主体的に学習に取り組む態度

○生物と食べ物，空気，水との関わりについて問題を見つけ，根拠のある予想・仮説を立てて観察し，結果から考えをまとめている。

○生物と食べ物との関わりを調べる観察計画について，友だちとの話し合いを通して自らの考えを見直している。

○生物と食べ物との関わりを調べる観察結果をもとに考察したことについて，自分の意見を人にわかりやすく伝えるくふうをしている。

○生物と環境との関わりの学習で，わかったこととまだわからないこと，できるようになったこととまだできないことが何かを，自分で考えている。

○生物に関心をもって，大切にしようとしている。

関連する既習内容

学年		内容
3	年	身の回りの生物
4	年	季節と生物
4	年	天気の様子 (水の自然蒸発と結露)
5	年	動物の誕生
6	年	植物の養分と水の通り道
6	年	人の体のつくりと働き

学習活動

小単元名	時数	学習活動	見方・考え方
○導入	1	○生物と食べ物，空気，水との関わりについて考える。 ・これまでの学習や教科書 P.86，87 の写真などから，生物にとって食べ物，空気，水が必要であることを振り返る。 ・生物と食べ物，空気，水それぞれとの関わりについて問題を見つける。	共通性・多様性 関係付け
1. 生き物と食べ物①	1	○食べ物を通した生物どうしの関わりについて調べる。 ・生物の食べ物を通した関わりについて予想し，調べ方の計画を立てる。 ・給食の献立表や図鑑，コンピュータなどを活用して，人やほかの動物の食べ物のもとまでたどる。 ・人の食べ物のもとをたどっていくと植物に行きつくことと，人は食べ物を通してほかの生物とつながっていることを導き出す。 ・ほかの動物の食べ物をたどっていくと植物に行きつくことと，生物どうしは「食べる・食べられる」という関係でつながっていることを導き出す。 ・生物どうしの「食べる・食べられる」という一連の関係を，食物連鎖ということを理解する。	共通性・多様性 関係付け 多面的に考える

1. 生き物と食べ物②	2	○池や小川にすむメダカが何を食べているのかを調べる。 ・池や小川にすむメダカの食べ物を予想し，調べ方の計画を立てる。 ・池や小川などの水の中にいる動く小さな生物をメダカに与え，食べるかどうかを調べる。 ・顕微鏡を使って，池や小川の水の中の小さな生物を観察する。 ・池や小川の中には小さな生物がいて，メダカが食べていることを理解する。	共通性・多様性 関係付け
2. 生き物と空気・水	3	○空気や水を通した生物どうしの関わりについて調べる。 ・これまでに学習したことを振り返りながら，空気や水を通した生物と環境との関わりについての問題を見つけ，予想する。 ・これまでに学習したことから，生物がどのように空気や水と関わっているのかを予想し，調べ方の計画を立てる。 ・生物と空気や水との関わりについて本やコンピュータなどで調べ，まとめる。 ・生物は，呼吸によって空気中の酸素を取り入れて二酸化炭素を出し，日光が当たった植物は逆のやり取りをしていることを理解する。 ・水は川や雨，水蒸気など場所や姿を変えながら地球上を循環していて，生物は様々な場所で水を取り入れていることを理解する。	共通性・多様性 関係付け 多面的に考える
○確かめ	1	○生物と環境との関わりについて学んだことを生かして問題を解く。	共通性・多様性 多面的に考える

6年

6年 教出

教科書：p.102〜119　配当時数：12時間　配当月：9〜10月

5. てこ

内容の区分　A 物質・エネルギー

関連する道徳の内容項目　C 勤労，公共の精神／伝統と文化の尊重，国や郷土を愛する態度

到達目標

≫知識・技能

○支点・力点・作用点の用語の意味と，てこを利用した道具の仕組みがわかる。

○てこを利用して，小さな力で物を持ち上げることができる。

○実験の結果を，正確にわかりやすく記録することができる。

≫思考・判断・表現

○てこの規則性に関する問題について，根拠のある予想や仮説を立てることができる。

○予想や仮説を確かめるための実験計画を立てることができる。

○実験の結果を多面的に考察し，妥当な結論を導き出すことができる。

≫主体的に学習に取り組む態度　※「主体的に学習に取り組む態度」は方向目標を示しています。

○てこについて粘り強く追究する活動を通して，身の回りにある様々な道具にてこが利用されていることを知り，てこのはたらきをまとめようとする。

評価規準

≫知識・技能

○てこには，3つの点（支点・力点・作用点）があることを理解している。

○てこの仕組みと，身の回りにはてこの規則性を利用した道具があることを理解している。

○てこを利用して物を持ち上げるときの力は，支点から力点や作用点までの位置が関係していることを理解している。

○てこを傾けるはたらきは，「おもりの重さ×支点からの距離」で表せることを理解している。

○棒の傾いている方が大きな力がはたらいていることと，棒が水平になったときは左右の力の大きさが同じになっていることを理解している。

○てこを扱う実験を安全に行っている。

○てこの規則性を調べる実験の結果を，正確に記録している。

● 対応する学習指導要領の項目：A(3) ア (ア)(イ)

≫思考・判断・表現

○支点から力点や作用点までの距離を変えたときの手応えの変化をもとに，てこの規則性について根拠のある予想を立てている。

○立てた予想を発表したり，文章にまとめている。

○友だちの意見を聞いて，自分の予想の妥当性について考えている。

○予想を確かめるための実験を計画している。

○てこの 3 つの点の距離を変えたときの手応えの違いについて，結果をもとに発表し合い，3 つの点の位置と手応えとの関係について多面的に考察している。

○考察から，てこを傾けるはたらきの大きさは，「おもりの重さ」と「支点からの距離」の積になることを導き出している。

●対応する学習指導要領の項目：A(3) イ

≫主体的に学習に取り組む態度

○てこの規則性について問題を見つけ，根拠のある予想・仮説を立てて実験し，実験内容と結果とを関係づけて自分の考えをまとめている。

○てこの実験計画について，友だちとの話し合いを通して自らの考えを見直している。

○てこの実験結果をもとに考察したことについて，自分の意見を人にわかりやすく伝えるくふうをしている。

○てこのはたらきの学習で，わかったこととまだわからないこと，できるようになったこととまだできないことが何かを，自分で考えている。

関連する既習内容

学年		内容
3	年	風とゴムの力の働き
5	年	振り子の運動

学習活動

小単元名	時数	学習活動	見方・考え方
1. てこのはたらき①	1	○てこを使って重いものを持ち上げる。 ・教科書 P.102，103 の写真から，長い棒を使って重いものを持ち上げられることを知り，問題を見つける。 ・重いものをそのまま持ち上げたときと，てこを使って持ち上げたときとで手応えを比べる。 ・てこの仕組みを理解する。 ・てこを使って重いものを持ち上げたときに気づいたことを話し合い，問題を見つける。	量的・関係的　比較

1. てこのはたらき②	2	○支点から力点，支点から作用点までの距離と手応えとの関係について調べる。 ・支点から力点や作用点までの距離と手応えとの関係について予想し，調べ方の計画を立てる。 ・支点と作用点の位置を変えないで，力点の位置を変えて手応えの変化を調べる。 ・支点と力点の位置を変えないで，作用点の位置を変えて手応えの変化を調べる。 ・支点から力点，支点から作用点までの距離と手応えとの関係をまとめる。 ・力点の位置を支点から遠くすると手応えは小さく，近づけると手応えは大きくなることを理解する。 ・作用点の位置を支点から遠くすると手応えは大きく，近づけると手応えは小さくなることを理解する。	量的・関係的 条件制御 多面的に考える
1. てこのはたらき③	3	○実験用てこを使って，てこのきまりについて調べる。 ・てこを使って重いものを持ち上げたときを振り返って予想し，調べ方の計画を立てる。 ・作用点の位置とおもりの重さを決め，力点の位置やおもりの重さを変えて棒の傾きの変化を調べ，表に整理する。 ・実験の結果から，てこがつり合うときのきまりを見つけ，まとめる。 ・てこを傾けるはたらきの大きさは，「おもりの重さ×支点からの距離」になることを理解する。	量的・関係的 関係付け
2. 身のまわりのてこ	5	○てこのはたらきを利用した道具の仕組み (支点・力点・作用点) について調べる。 ・てこのはたらきを利用していると思う道具を身の回りから探し，その道具の仕組みを予想する。 ・はさみ，くぎぬきなどの道具を実際に使い，支点，力点，作用点を調べ，まとめる。	量的・関係的　比較 多面的に考える
○確かめ	1	○てこのはたらきについて学んだことを生かして問題を解く。	量的・関係的 多面的に考える

| 6年 | 教出 |

教科書：p.120〜155　配当時数：13時間　配当月：10〜11月

6. 土地のつくり／● 地震や火山と災害

内容の区分　B 生命・地球

関連する道徳の内容項目　A 真理の探究　C 勤労，公共の精神　D 生命の尊さ

到達目標

≫知識・技能

○土地は，礫，砂，泥，火山灰などからできていて，それぞれの層は，広い範囲で積み重なっていることがわかる。

○地層は，流れる水のはたらきや火山の噴火によってできることがわかる。

○土地は，火山の噴火や地震によってようすが変化することがわかる。

○地層のようすを安全に観察したり，層に含まれている礫や砂などを採取して調べることができる。

○火山活動や地震による災害や防災・減災活動などについて，本やコンピュータ，資料館などを活用して必要な情報を集めることができる。

≫思考・判断・表現

○予想や仮説を確かめるための実験計画を立てることができる。

○層の構成物などから，流れる水のはたらきでできた層か，火山の噴火でできた層かを考察することができる。

○地層を観察した結果から，より妥当な考えを導き出し，表現することができる。

≫主体的に学習に取り組む態度　※「主体的に学習に取り組む態度」は方向目標を示しています。

○土地のつくりと変化について粘り強く追究する活動を通して，地層のでき方や火山活動や地震による土地の変化について知り，まとめようとする。

評価規準

≫知識・技能

○土地は，礫，砂，泥，火山灰などからできていることを理解している。

○地層は，流れる水のはたらきや火山の噴火によってできることを理解している。

○地層から見つかる動物や植物の一部，動物の生活のあとなどを化石ということを理解している。

○地層のようすを安全に観察したり，層に含まれている礫や砂などを採取して調べ，その結果をわかりやすく記録している。

○博物館や資料館，本やコンピュータなどを活用して必要な情報を集め，その結果をわかりやすくまとめている。

○火山活動や地震によって土地が変化することを理解している。

●対応する学習指導要領の項目：B(4) ア (ア)(イ)(ウ)

≫思考・判断・表現

○友だちの意見を聞いて，自分の予想の妥当性について考えている。

○層の構成物から，その地層のでき方を予想し，実験や観察から導き出した結論をわかりやすくまとめて表現している。

○資料館や本やコンピュータなどで調べたことから，火山活動や地震と土地が変化することを関係づけてわかりやすく表現している。

●対応する学習指導要領の項目：B(4) イ

≫主体的に学習に取り組む態度

○地層のでき方について問題を見つけ，根拠のある予想・仮説を立てて実験し，実験内容と結果とを関係づけて自分の考えをまとめている。

○地層のでき方を調べる実験計画について，友だちとの話し合いを通して自らの考えを見直している。

○地層のでき方を調べる実験結果をもとに考察したことについて，自分の意見を人にわかりやすく伝えるくふうをしている。

○土地のつくりと変化の学習で，火山活動や地震によって土地が変化することを知り，防災や減災対策で自分たちにできることを考え，取り組もうとしている。

関連する既習内容

学年		内容
4	年	雨水の行方と地面の様子
5	年	流れる水の働きと土地の変化

学習活動

小単元名	時数	学習活動	見方・考え方
1.地層のつくり①	1	○地層の写真を見て，気づいたことを話し合う。 ・教科書 P.120～123 の地層の写真の縞模様に着目し，気づいたことを話し合って問題を見つける。 ・崖などに見られる縞模様を地層ということと，地層はいくつかの層が広い範囲で積み重なってできていることを理解する。	時間的・空間的　比較
1.地層のつくり②	3	○地層のつくりについて調べる。 ・1つひとつの層に何が含まれているのか予想し，調べ方の計画を立てる。 ・近くに地層が見られる場合は，層の土の色や手触り，構成物とその形や大きさなどを安全に留意して調べ，記録する。 ・地層を見られる崖が近くにない場合は，学校のボーリング試料を活用したり，博物館や本やコンピュータなどで調べる。 ・地層は，礫，砂，泥，火山灰などが層になって重なっているために縞模様に見えることを理解する。 ・地層に含まれている生物の死骸や，動物の生活のあとを化石ということを理解する。	時間的・空間的　比較 関係付け

2. 地層のでき方	3	○流れる水のはたらきや火山のはたらきによってできる地層について調べる。 ・5年生の流れる水のはたらきの学習を振り返り，地層がどのようにしてできるのかを予想し，調べ方の計画を立てる。 ・海や川に見立てた装置を使い，礫，砂，泥をまぜた土を水で流し込む実験をして結果を記録する。 ・実験の結果から，流れる水のはたらきによる地層のでき方をまとめ，理解する。 ・海底や湖底に堆積した礫，砂，泥などの層は，長い年月をかけて堆積岩になる場合があることを理解する。 ・堆積岩にはその構成物によって，礫岩，砂岩，泥岩などがあることを理解する。 ・地上で見られる化石は，長い年月をかけて海底や湖底からおし上げられたものであることを理解する。 ・火山が噴火したときに火山灰などが積もって層ができることを理解する。	時間的・空間的　比較 関係付け
3. 火山や地震と土地の変化①	2	○火山による土地の変化について調べる。 ・教科書 P.138 の火山の噴火前後の写真を見て，問題を見つける。 ・今までに学習したことをもとに，火山活動による土地の変化について，根拠のある予想を立て，調べ方の計画を立てる。 ・火山活動による土地の変化について，本やコンピュータで調べたり，専門施設などに行って調べる。 ・火山活動によって，降り積もった火山灰や流れ出た溶岩で地面が覆われたりして，土地のようすは大きく変化することを理解する。	時間的・空間的 関係付け 多面的に考える
3. 火山や地震と土地の変化②	2	○地震による土地の変化について調べる。 ・教科書 P.142 の地震でようすが変化した土地の写真を見て，問題を見つける。 ・地震による土地の変化について予想し，調べ方の計画を立てる。 ・地震による土地の変化について，本やコンピュータで調べたり，資料館などに行って調べる。 ・地震によって，山崩れが起きたり地割れができたりして，土地のようすは大きく変化することを理解する。 ・土地に大きい力が加わって土地がずれたものを断層ということを理解する。	時間的・空間的 関係付け 多面的に考える
○地震や火山と災害	1	○地震や火山活動による災害と，防災・減災活動などについて理解する。 ・教科書 P.148〜150 を見て，地震や火山活動が私たちの生活に与える影響について知る。 ・火山活動や地震に対する防災・減災活動などについて，教科書 P.151〜154 を見たり本やコンピュータなどを活用して調べる。	時間的・空間的 多面的に考える
○確かめ	1	○土地のつくりと変化について学んだことを生かして問題を解く。	時間的・空間的 多面的に考える

6年	教出

教科書：p.156〜167　配当時数：6時間　配当月：12月

7. 月の見え方と太陽

内容の区分　B 生命・地球

関連する道徳の内容項目　C 伝統と文化の尊重，国や郷土を愛する態度

到達目標

≫知識・技能

○月の形の見え方が日によって変化するのは，月と太陽の位置が関係していることがわかる。

○月の形の変化や月と太陽の位置について，安全に観察したり記録したりすることができる。

○月の形の見え方と太陽の位置の関係を調べる実験を適切に行い，その結果を記録することができる。

≫思考・判断・表現

○予想や仮説を確かめるための実験計画を立てることができる。

○月の形の変化を，太陽，月，地球の位置と関係づけてとらえ，その関係を説明することができる。

○月の形の見え方と太陽の位置との関係を調べる実験の結果から，より妥当な考えを導き出し，表現することができる。

≫主体的に学習に取り組む態度　※「主体的に学習に取り組む態度」は方向目標を示しています。

○月の形の見え方について粘り強く追究する活動を通して，月の形の見え方と太陽の位置との関係について知り，まとめようとする。

評価規準

≫知識・技能

○月の形の見え方が日によって変化するのは，月と太陽の位置が関係していることを理解している。

○月と太陽の位置について調べる観察を安全に行い，観察結果を正確に記録している。

○月の形の見え方と太陽の位置との関係を調べる実験を適切に行い，結果を正確に記録している。

●対応する学習指導要領の項目：B(5) ア (ア)

≫思考・判断・表現

○友だちの意見を聞いて，自分の予想の妥当性について考えている。

○予想を確かめるための実験を計画している。

○月と太陽の位置について調べた観察結果をもとに，図に描いてわかりやすく表現している。

○月の形が変化することを，月と太陽の位置関係が変化することと関係づけてとらえ，月の形が変化して見える理由を，図や言葉でわかりやすく表現している。

●対応する学習指導要領の項目：B(5) イ

》主体的に学習に取り組む態度

○月の形の見え方が日によって変化する理由について，根拠のある予想・仮説を立てて実験し，実験内容と結果とを関係づけて自分の考えをまとめている。

○月の形の見え方と太陽の位置との関係を調べる実験計画について，友だちとの話し合いを通して自らの考えを見直している。

○月の形の見え方と太陽の位置との関係を調べる実験結果をもとに考察したことについて，自分の意見を人にわかりやすく伝えるくふうをしている。

○月と太陽の学習で，わかったこととまだわからないこと，できるようになったこととまだできないことが何かを，自分で考えている。

関連する既習内容

学年		内容
3	年	太陽と地面の様子
4	年	月と星

学習活動

小単元名	時数	学習活動	見方・考え方
○月の見え方と太陽①	3	○月と太陽の位置を調べる。 ・教科書 P.156，157 にある月の2枚の写真を見て，気づいたことを話し合い，問題を見つける。 ・いつも月の光っている側に太陽があるのかということについて予想し，観察の計画を立てる。 ・方位と高さによる太陽・月の位置の調べ方を理解する。 ・月と太陽が一緒に見られる日に観察し，月の光っている側に太陽があるのかどうかを調べ，記録用紙に記入する。 ・2，3日後の同時刻に同じ場所で月と太陽を観察し，月と太陽の位置を調べ，記録用紙に記入する。 ・月の光っている側にいつも太陽があることを理解する。 ・太陽に比べると月は日によって位置が変わること，月の見え方も日によって変化することを，図や言葉でまとめる。	時間的・空間的　比較 関係付け
○月の見え方と太陽②	2	○月の見え方と，月と太陽の位置との関係について調べる。 ・月の見え方と，月と太陽の位置との関係について予想し，調べ方の計画を立てる。 ・月に見立てたボールに，太陽に見立てたライトの光を当てるモデル実験を行い，結果を記録する。 ・ボールとライトの角度が大きいほどボールが丸く見えたことから，月と太陽の角度が大きいほど月が丸く見えるということを導き出す。 ・月の見え方は，月と太陽の位置が関係していることを理解する。 ・月は，約1か月かかって新月→上弦の月→満月→下弦の月→新月と見え方が変化することを理解する。	時間的・空間的　比較 関係付け 多面的に考える

6年

○確かめ	1	○月と太陽について学んだことを生かして問題を解く。	時間的・空間的 多面的に考える

| 6年 | 教出 |

教科書：p.168〜193　配当時数：15時間　配当月：1〜2月

8. 水溶液

内容の区分　A 物質・エネルギー

関連する道徳の内容項目　D 自然愛護

到達目標

≫知識・技能

○見たようす，溶けている物，においなどの性質から，水溶液を分けることができる。

○水溶液には気体や固体が溶けているものがあり，酸性・中性・アルカリ性に分けられることがわかる。

○水溶液を扱う実験を安全に行い，その結果を正確に記録することができる。

≫思考・判断・表現

○水溶液の性質について問題を見つけることができる。

○予想や仮説を確かめるための実験計画を立てることができる。

○金属が溶けた水溶液から水を蒸発させて出てきた物の性質から，金属が水溶液によって質的に変化していることを説明することができる。

○水溶液の性質を調べる実験の結果から，より妥当な考えを導き出し，表現することができる。

≫主体的に学習に取り組む態度　※「主体的に学習に取り組む態度」は方向目標を示しています。

○水溶液の性質について粘り強く追究する活動を通して，水溶液の性質やはたらきの違いについて知り，まとめようとする。

評価規準

≫知識・技能

○水溶液には，気体が溶けているものと固体が溶けているものがあることを理解している。

○水溶液は，その性質によって酸性・アルカリ性・中性に分けられることを理解している。

○水溶液には，金属を変化させるものがあることを理解している。

○リトマス紙を使って水溶液の性質を調べ，その結果を記録している。

○水溶液を扱う際の注意事項を知り，正しく取り扱っている。

○水溶液を扱う実験を安全に行い，その結果を正確に記録している。

●対応する学習指導要領の項目：A(2) ア (ア)(イ)(ウ)

≫思考・判断・表現

○友だちの意見を聞いて，自分の予想の妥当性について考えている。

○リトマス紙を使って水溶液の性質を調べ，赤色と青色のリトマス紙のそれぞれの色の変化をまとめている。

○金属が溶けた水溶液から水を蒸発させて出てきた物の性質から，金属が水溶液によって質的に変化していることを関係づけて表現している。

●対応する学習指導要領の項目：A(2) イ

≫主体的に学習に取り組む態度

○炭酸水に溶けている物について，根拠のある予想・仮説を立てて実験し，実験内容と結果を関係づけて自分の考えをまとめている。

○水溶液の性質を調べる実験計画について，友だちとの話し合いを通して自らの考えを見直している。

○水溶液の性質を調べる実験結果をもとに考察したことについて，自分の意見を人にわかりやすく伝えるくふうをしている。

○水溶液の性質の学習で，わかったこととまだわからないこと，できるようになったこととまだできないことが何かを，自分で考えている。

関連する既習内容

学年		内容
3	年	物と重さ
5	年	物の溶け方

学習活動

小単元名	時数	学習活動	見方・考え方
1. 水溶液の性質①	4	○提示された5種類の透明な液体について，見たようすやにおいなどを調べる。 ・5年生の物の溶け方の学習を振り返り，身の回りにある水溶液について問題を見つける。 ・5種類の水溶液を見比べ，性質の違いについて予想し，調べ方の計画を立てる。 ・水溶液の安全な取り扱い方について確認する。 ・試験管，こまごめピペットの持ち方について確認する。 ・水溶液の見たようす，におい，水を蒸発させたときの変化，二酸化炭素に触れさせたときの変化について調べ，表にまとめる。	質的・実体的　比較
1. 水溶液の性質②	2	○5種類の水溶液がそれぞれ何性なのかを調べる。 ・リトマス紙に5種類の水溶液をつけて，色の変化を調べる。 ・赤色のリトマス紙を青色に変化させる水溶液，青色のリトマス紙を赤色に変化させる水溶液，どちらの色も変化しない水溶液に分ける。 ・リトマス紙の色の変化から，酸性，中性，アルカリ性に分けられることを理解する。	質的・実体的　比較 関係付け
1. 水溶液の性質③	2	○気体の溶けている水溶液について調べる。 ・水溶液の蒸発実験のとき，白い固体が出てきたものと何も出てこなかったものがあることから，問題を見つける。 ・水溶液の蒸発実験で，何も出てこなかった水溶液には気体が溶けているのかどうかを予想し，調べ方の計画を立てる。 ・炭酸水から出る気体に触れた石灰水が白く濁るかどうかを調べる。 ・実験の結果から，炭酸水に溶けているものは二酸化炭素であることを導き出す。 ・塩酸には塩化水素という気体が，アンモニア水にはアンモニアという気体が溶けていることを理解する。	質的・実体的　比較 関係付け

2. 水溶液のはたらき①	4	○塩酸に金属を入れたときの金属の変化を調べる。	質的・実体的　比較
		・浴用温泉水の注意書きから，酸性の水溶液に金属が触れると金属がいたむことを理解する。	多面的に考える
		・リトマス紙の実験で酸性だった塩酸をアルミニウムに注ぎ，ようすを調べる。	
		・アルミニウムに塩酸を注ぐと，気体が発生してアルミニウムが溶けたことから問題を見つける。	
		・塩酸に溶けたアルミニウムはどうなったのか予想し，調べ方の計画を立てる。	
		・アルミニウムの溶けた液から水を蒸発させる実験をして，結果を記録する。	
		・アルミニウムの溶けた液から水を蒸発させて出てきた白い固体が，もとのアルミニウムと同じものかどうかについて話し合い，問題を見つける。	
2. 水溶液のはたらき②	2	○アルミニウムの溶けた液から水を蒸発させて出てきた白い固体について調べる。	質的・実体的　比較
		・アルミニウムと白い固体を塩酸に入れて溶け方を比較しながら調べる。	多面的に考える
		・アルミニウムと白い固体を水に入れて溶け方を比較しながら調べる。	
		・調べた結果をもとに話し合い，塩酸に溶けたアルミニウムは性質の違う別の物に変化することを理解し，まとめる。	
		・水溶液には金属を溶かすものがあることと，水溶液にとけた金属はもとの金属とは性質の違う別の物に変化することを理解する。	
○確かめ	1	○水溶液の性質について学んだことを生かして問題を解く。	質的・実体的 多面的に考える

6年 教出 　　　　　　　　　　　　　　教科書：p.194〜215　配当時数：11時間　配当月：2〜3月

9. 電気の利用

内容の区分　A 物質・エネルギー

関連する道徳の内容項目　D 自然愛護

到達目標

≫知識・技能

○電気は，つくったり蓄えたりすることができ，光，音，熱，運動など様々な形に変えて利用できることがわかる。

○身の回りには，電気を光，音，熱，運動などに変えて利用している道具がたくさんあることがわかる。

○手回し発電機やコンデンサーを使って実験を行い，その結果を正確に記録することができる。

≫思考・判断・表現

○予想や仮説を確かめるための実験計画を立てることができる。

○豆電球と発光ダイオードの明かりのついている時間の違いから，豆電球よりも発光ダイオードの方が使用する電気の量が少ないことを説明することができる。

○電気を何に変えて利用しているのかを調べた結果から，より妥当な考えを導き出し，表現することができる。

○プログラミングの学習で，プログラミングをした目的やその内容をわかりやすく説明することができる。

≫主体的に学習に取り組む態度　　※「主体的に学習に取り組む態度」は方向目標を示しています。

○電気の利用について粘り強く追究する活動を通して，電気を光，音，熱，運動などに変えて利用していることについて知り，まとめようとする。

○プログラミングの学習で，目的に合ったスクリプトを選び，粘り強くプログラムを完成させようとする。

評価規準

≫知識・技能

○電気は，つくったり蓄えたりすることができ，光，音，熱，運動など様々な形に変えて利用できることを理解している。

○身の回りには，電気を光，音，熱，運動などに変えて利用している道具がたくさんあることを理解している。

○手回し発電機やコンデンサー，光電池などを，安全に正しく取り扱っている。

○手回し発電機やコンデンサーを適切に使って実験を行い，その結果を正確に記録している。

　　　　　　　　　　　　　　　　　　　　　　　　　　　●対応する学習指導要領の項目：A(4) ア (ア)(イ)(ウ)

≫思考・判断・表現

○友だちの意見を聞いて，自分の予想の妥当性について考えている。

○電気をためたコンデンサーに豆電球やモーター，電子オルゴールなどをつなぎ，電気が何に変わるかを調べ，わかりやすくまとめている。

○豆電球と発光ダイオードの明かりのついている時間を電気の使用量に関係づけて考え，豆電球よりも発光ダイオードの方が使用する電気の量が少ないことを説明している。

○プログラミングの学習で，自分の目的に合ったスクリプトを組み合わせ，プログラミングをしている。

　　　　　　　　　　　　　　　　　　　　　　　　　　　　　　　●対応する学習指導要領の項目：A(4) イ

≫主体的に学習に取り組む態度

○発電・蓄電について調べる実験結果をもとに考察したことについて，自分の意見を人にわかりやすく伝えるくふうをしている。

○エネルギーの変換を調べる実験計画について，友だちとの話し合いを通して自らの考えを見直している。

○豆電球と発光ダイオードの点灯時間について，根拠のある予想・仮説を立てて実験し，実験内容と結果を関係づけて自分の考えをまとめている。

○プログラムが計画通りに動かなかったとき，計画を見直して粘り強くプログラムを完成させている。

○電気の利用の学習で，わかったこととまだわからないこと，できるようになったこととまだできないことが何かを，自分で考えている。

関連する既習内容

学年		内容
3	年	磁石の性質
3	年	電気の通り道
4	年	電流の働き
5	年	電流がつくる磁力

学習活動

小単元名	時数	学習活動	見方・考え方
1. 電気をつくる	3	○電気をつくる方法について調べる。 ・教科書 P.194, 195 の写真から，私たちの生活に電気が欠かせないことや，各地の発電所で電気がつくられていることについて話し合い，問題を見つける。 ・手回し発電機や光電池で電気をつくる方法を予想し，調べ方の計画を立てる。 ・手回し発電機につないだ豆電球や発光ダイオードが，ハンドルを回す向きや速さを変えるとどうなるのか調べる。 ・光電池につないだ豆電球や発光ダイオードが，光電池に当てる光の強弱を変えるとどうなるのか調べる。 ・手回し発電機のハンドルを回すと電気をつくることができ，回す速さを変えるとつくられる電気の量が変わることを理解する。 ・手回し発電機のハンドルを逆向きに回すと，回路に流れる電流の向きが逆になることを理解する。 ・光電池に光を当てると電気をつくることができ，光電池に当てる光の強弱を変えるとつくられる電気の量が変わることを理解する。	量的・関係的　比較 関係付け　条件制御 多面的に考える

6年

2. 電気をためて使う①	2	○ためた電気は，どのようなものに変えて利用できるのか調べる。 ・生活のなかで，電気をためて使っているものなどについて話し合い，問題を見つける。 ・ためた電気をどのようなものに変えて利用できるのか予想し，調べ方の計画を立てる。 ・蓄電したコンデンサーに発光ダイオードやモーター，電子オルゴールなどをつなぎ，電気を何に変えて利用できるのか調べる。 ・ためた電気は，光，回転する動き，音，熱，磁石の力などに変えて利用できることを理解する。 ・蓄電したコンデンサーに豆電球と発光ダイオードをつないだときのようすから，問題を見つける。	量的・関係的 関係付け 多面的に考える
2. 電気をためて使う②	2	○蓄電したコンデンサーにつなぐものによって使用時間が違う理由を調べる。 ・蓄電したコンデンサーに豆電球と発光ダイオードをつないだときのようすから予想し，実験計画を立てる。 ・電流計の使い方を確認する。 ・蓄電量を同じ条件にしたコンデンサーに豆電球と発光ダイオードをつないで点灯させ，初めと1分後に電流計で電流の大きさをはかる。 ・実験結果から，豆電球よりも発光ダイオードの方が使用する電気の量が少ないことを導き出す。 ・蓄電したコンデンサーにつなぐものによって使用時間が違うのは，ものによって電気の使用量が違うからだということを理解する。	量的・関係的　比較 関係付け　条件制御
3. 身のまわりの電気①	2	○身の回りの電気の利用について調べる。 ・身の回りで電気が何に利用されているのかを話し合い，問題を見つける。 ・身の回りで電気が利用されている例をコンピュータや電気に関する資料などで調べ，まとめる。 ・私たちは，発電・蓄電して利用したり，電気を光，音，熱，運動などに変えて利用したりしていることを理解する。 ・私たちは，目的に合わせてセンサーなどでコントロールしながら電気を利用していることを理解する。 ・蓄電には，コンデンサーのほかに充電式電池（バッテリー）などを利用していることを理解する。	量的・関係的 関係付け 多面的に考える
3. 身のまわりの電気②／○確かめ	2	○プログラミングを体験する。 ・プログラムによって動作している信号機などを参考にしてプログラミングを体験し，その仕組みを理解する。 ・電気の利用について学んだことを生かして問題を解く。	量的・関係的 関係付け 多面的に考える

| 6年 | 教出 |

教科書：p.216〜223　配当時数：1時間　配当月：3月

● 人の生活と自然環境

内容の区分　B 生命・地球

関連する道徳の内容項目　C 勤労，公共の精神　D 生命の尊さ／自然愛護／よりよく生きる喜び

到達目標

≫知識・技能
○生物は，環境と関わり合って生きていることがわかる。
○生物が互いに関わり合って生きていることと，人も環境の一部であることがわかる。
○人が環境におよぼしている影響についてわかる。
○人が環境に与える影響を多面的に考え，どのように地球環境と関わっていけばよいのかを調べることができる。

≫思考・判断・表現
○人と環境との関わりについて関心をもち，進んで環境問題について調べ，自分にできることを多面的に考えることができる。
○人がどのように地球環境と関わっていけばよいのかを多面的に考え，発表することができる。

≫主体的に学習に取り組む態度　※「主体的に学習に取り組む態度」は方向目標を示しています。
○生物と環境について粘り強く追究する活動を通して，人の生活が環境に与える影響について知り，これから私たちが環境とよりよく関わっていくためにはどのようにすればよいかを考えてまとめようとする。

評価規準

≫知識・技能
○人の生活が，空気や水，動物や植物などの環境と深く関わっていることを理解している。
○人が環境におよぼしている影響について理解している。
○これまでに学習した内容や新たに集めた情報をもとにして，人と環境とのつながりを多面的に考察している。
○人が環境に与える影響を知り，どのように地球環境と関わっていけばよいのかを考えている。

●──── 対応する学習指導要領の項目：B(3) ア (ウ)

≫思考・判断・表現
○既習内容などをもとに，人と環境との関わりについて多面的にとらえ，その関わりをわかりやすくまとめている。
○人がどのように地球環境と関わっていけばよいのかを多面的に考え，わかりやすく発表している。

●──── 対応する学習指導要領の項目：B(3) イ

≫主体的に学習に取り組む態度
○これから私たちがどのように地球環境と関わっていけばよいのかを考察し，自分の意見を人にわかりやすく伝えるくふうをしている。
○生物と環境の学習で，わかったこととまだわからないこと，できるようになったこととまだできないことが何かを，自分で考えている。

関連する既習内容

学年		内容
3	年	身の回りの生物
4	年	季節と生物
4	年	天気の様子 (水の自然蒸発と結露)
6	年	電気の利用
6	年	燃焼の仕組み
6	年	人の体のつくりと働き
6	年	植物の養分と水の通り道
6	年	生物と環境 (生物と水，空気との関わり，食べ物による生物の関係)

学習活動

小単元名	時数	学習活動	見方・考え方
○人の生活と自然環境	1	○私たちが，どのように自然環境と関わっていけばよいのかを考える。 ・人の生活が，空気や水，動物や植物などの環境と深く関わっていることを知り，人の生活と環境との関わりについて話し合う。 ・人の生活が環境に与えている影響を理解し，自然環境を守るためにどのような努力やくふうをすればよいのか考え，話し合う。 ・教科書の写真や資料を見て，興味・関心をもったことや，調べたいと思ったことなどをノートに記録する。 ・これまでの理科の学習や自分の生活を振り返り，人と環境とのよりよい関わり方を考えてまとめ，発表する。	共通性・多様性 関係付け 多面的に考える

MEMO

MEMO

MEMO

学習指導要領

第4節　理　科

第1　目　標

自然に親しみ，理科の見方・考え方を働かせ，見通しをもって観察，実験を行うことなどを通して，自然の事物・現象についての問題を科学的に解決するために必要な資質・能力を次のとおり育成することを目指す。

(1) 自然の事物・現象についての理解を図り，観察，実験などに関する基本的な技能を身に付けるようにする。

(2) 観察，実験などを行い，問題解決の力を養う。

(3) 自然を愛する心情や主体的に問題解決しようとする態度を養う。

第2　各学年の目標及び内容

〔第3学年〕

1　目　標

(1) 物質・エネルギー

① 物の性質，風とゴムの力の働き，光と音の性質，磁石の性質及び電気の回路についての理解を図り，観察，実験などに関する基本的な技能を身に付けるようにする。

② 物の性質，風とゴムの力の働き，光と音の性質，磁石の性質及び電気の回路について追究する中で，主に差異点や共通点を基に，問題を見いだす力を養う。

③ 物の性質，風とゴムの力の働き，光と音の性質，磁石の性質及び電気の回路について追究する中で，主体的に問題解決しようとする態度を養う。

(2) 生命・地球

① 身の回りの生物，太陽と地面の様子についての理解を図り，観察，実験などに関する基本的な技能を身に付けるようにする。

② 身の回りの生物，太陽と地面の様子について追究する中で，主に差異点や共通点を基に，問題を見いだす力を養う。

③ 身の回りの生物，太陽と地面の様子について追究する中で，生物を愛護する態度や主体的に問題解決しようとする態度を養う。

2　内　容

A　物質・エネルギー

(1) 物と重さ

物の性質について，形や体積に着目して，重さを比較しながら調べる活動を通して，次の事項を身
に付けることができるよう指導する。

　ア　次のことを理解するとともに，観察，実験などに関する技能を身に付けること。

　　(ア)　物は，形が変わっても重さは変わらないこと。

　　(イ)　物は，体積が同じでも重さは違うことがあること。

　イ　物の形や体積と重さとの関係について追究する中で，差異点や共通点を基に，物の性質について
の問題を見いだし，表現すること。

(2)　風とゴムの力の働き

　　風とゴムの力の働きについて，力と物の動く様子に着目して，それらを比較しながら調べる活動を
通して，次の事項を身に付けることができるよう指導する。

　ア　次のことを理解するとともに，観察，実験などに関する技能を身に付けること。

　　(ア)　風の力は，物を動かすことができること。また，風の力の大きさを変えると，物が動く様子も
変わること。

　　(イ)　ゴムの力は，物を動かすことができること。また，ゴムの力の大きさを変えると，物が動く様
子も変わること。

　イ　風とゴムの力で物が動く様子について追究する中で，差異点や共通点を基に，風とゴムの力の働
きについての問題を見いだし，表現すること。

(3)　光と音の性質

　　光と音の性質について，光を当てたときの明るさや暖かさ，音を出したときの震え方に着目して，
光の強さや音の大きさを変えたときの違いを比較しながら調べる活動を通して，次の事項を身に付け
ることができるよう指導する。

　ア　次のことを理解するとともに，観察，実験などに関する技能を身に付けること。

　　(ア)　日光は直進し，集めたり反射させたりできること。

　　(イ)　物に日光を当てると，物の明るさや暖かさが変わること。

　　(ウ)　物から音が出たり伝わったりするとき，物は震えていること。また，音の大きさが変わるとき
物の震え方が変わること。

　イ　光を当てたときの明るさや暖かさの様子，音を出したときの震え方の様子について追究する中
で，差異点や共通点を基に，光と音の性質についての問題を見いだし，表現すること。

(4)　磁石の性質

　　磁石の性質について，磁石を身の回りの物に近付けたときの様子に着目して，それらを比較しなが
ら調べる活動を通して，次の事項を身に付けることができるよう指導する。

ア　次のことを理解するとともに，観察，実験などに関する技能を身に付けること。

　(ア)　磁石に引き付けられる物と引き付けられない物があること。また，磁石に近付けると磁石になる物があること。

　(イ)　磁石の異極は引き合い，同極は退け合うこと。

イ　磁石を身の回りの物に近付けたときの様子について追究する中で，差異点や共通点を基に，磁石の性質についての問題を見いだし，表現すること。

(5)　電気の通り道

　電気の回路について，乾電池と豆電球などのつなぎ方と乾電池につないだ物の様子に着目して，電気を通すときと通さないときのつなぎ方を比較しながら調べる活動を通して，次の事項を身に付けることができるよう指導する。

ア　次のことを理解するとともに，観察，実験などに関する技能を身に付けること。

　(ア)　電気を通すつなぎ方と通さないつなぎ方があること。

　(イ)　電気を通す物と通さない物があること。

イ　乾電池と豆電球などのつなぎ方と乾電池につないだ物の様子について追究する中で，差異点や共通点を基に，電気の回路についての問題を見いだし，表現すること。

B　生命・地球

(1)　身の回りの生物

　身の回りの生物について，探したり育てたりする中で，それらの様子や周辺の環境，成長の過程や体のつくりに着目して，それらを比較しながら調べる活動を通して，次の事項を身に付けることができるよう指導する。

ア　次のことを理解するとともに，観察，実験などに関する技能を身に付けること。

　(ア)　生物は，色，形，大きさなど，姿に違いがあること。また，周辺の環境と関わって生きていること。

　(イ)　昆虫の育ち方には一定の順序があること。また，成虫の体は頭，胸及び腹からできていること。

　(ウ)　植物の育ち方には一定の順序があること。また，その体は根，茎及び葉からできていること。

イ　身の回りの生物の様子について追究する中で，差異点や共通点を基に，身の回りの生物と環境との関わり，昆虫や植物の成長のきまりや体のつくりについての問題を見いだし，表現すること。

(2)　太陽と地面の様子

　太陽と地面の様子との関係について，日なたと日陰の様子に着目して，それらを比較しながら調べる活動を通して，次の事項を身に付けることができるよう指導する。

ア　次のことを理解するとともに，観察，実験などに関する技能を身に付けること。

　(ア)　日陰は太陽の光を遮るとでき，日陰の位置は太陽の位置の変化によって変わること。

　(イ)　地面は太陽によって暖められ，日なたと日陰では地面の暖かさや湿り気に違いがあること。

イ　日なたと日陰の様子について追究する中で，差異点や共通点を基に，太陽と地面の様子との関係についての問題を見いだし，表現すること。

3　内容の取扱い

(1)　内容の「A物質・エネルギー」の指導に当たっては，3種類以上のものづくりを行うものとする。

(2)　内容の「A物質・エネルギー」の(4)のアの(ア)については，磁石が物を引き付ける力は，磁石と物の距離によって変わることにも触れること。

(3)　内容の「B生命・地球」の(1)については，次のとおり取り扱うものとする。

ア　アの(イ)及び(ウ)については，飼育，栽培を通して行うこと。

イ　アの(ウ)の「植物の育ち方」については，夏生一年生の双子葉植物を扱うこと。

(4)　内容の「B生命・地球」の(2)のアの(ア)の「太陽の位置の変化」については，東から南，西へと変化することを取り扱うものとする。また，太陽の位置を調べるときの方位は東，西，南，北を扱うものとする。

〔第4学年〕

1　目　標

(1)　物質・エネルギー

①　空気，水及び金属の性質，電流の働きについての理解を図り，観察，実験などに関する基本的な技能を身に付けるようにする。

②　空気，水及び金属の性質，電流の働きについて追究する中で，主に既習の内容や生活経験を基に，根拠のある予想や仮説を発想する力を養う。

③　空気，水及び金属の性質，電流の働きについて追究する中で，主体的に問題解決しようとする態度を養う。

(2)　生命・地球

①　人の体のつくりと運動，動物の活動や植物の成長と環境との関わり，雨水の行方と地面の様子，気象現象，月や星についての理解を図り，観察，実験などに関する基本的な技能を身に付けるようにする。

②　人の体のつくりと運動，動物の活動や植物の成長と環境との関わり，雨水の行方と地面の様子，気象現象，月や星について追究する中で，主に既習の内容や生活経験を基に，根拠のある予想や仮説を

発想する力を養う。

③　人の体のつくりと運動，動物の活動や植物の成長と環境との関わり，雨水の行方と地面の様子，気象現象，月や星について追究する中で，生物を愛護する態度や主体的に問題解決しようとする態度を養う。

2　内　容

A　物質・エネルギー

(1)　空気と水の性質

空気と水の性質について，体積や圧し返す力の変化に着目して，それらと圧す力とを関係付けて調べる活動を通して，次の事項を身に付けることができるよう指導する。

ア　次のことを理解するとともに，観察，実験などに関する技能を身に付けること。

(ｱ)　閉じ込めた空気を圧すと，体積は小さくなるが，圧し返す力は大きくなること。

(ｲ)　閉じ込めた空気は圧し縮められるが，水は圧し縮められないこと。

イ　空気と水の性質について追究する中で，既習の内容や生活経験を基に，空気と水の体積や圧し返す力の変化と圧す力との関係について，根拠のある予想や仮説を発想し，表現すること。

(2)　金属，水，空気と温度

金属，水及び空気の性質について，体積や状態の変化，熱の伝わり方に着目して，それらと温度の変化とを関係付けて調べる活動を通して，次の事項を身に付けることができるよう指導する。

ア　次のことを理解するとともに，観察，実験などに関する技能を身に付けること。

(ｱ)　金属，水及び空気は，温めたり冷やしたりすると，それらの体積が変わるが，その程度には違いがあること。

(ｲ)　金属は熱せられた部分から順に温まるが，水や空気は熱せられた部分が移動して全体が温まること。

(ｳ)　水は，温度によって水蒸気や氷に変わること。また，水が氷になると体積が増えること。

イ　金属，水及び空気の性質について追究する中で，既習の内容や生活経験を基に，金属，水及び空気の温度を変化させたときの体積や状態の変化，熱の伝わり方について，根拠のある予想や仮説を発想し，表現すること。

(3)　電流の働き

電流の働きについて，電流の大きさや向きと乾電池につないだ物の様子に着目して，それらを関係付けて調べる活動を通して，次の事項を身に付けることができるよう指導する。

ア　次のことを理解するとともに，観察，実験などに関する技能を身に付けること。

(ｱ)　乾電池の数やつなぎ方を変えると，電流の大きさや向きが変わり，豆電球の明るさやモーター

の回り方が変わること。

イ　電流の働きについて追究する中で，既習の内容や生活経験を基に，電流の大きさや向きと乾電池につないだ物の様子との関係について，根拠のある予想や仮説を発想し，表現すること。

B　生命・地球

(1)　人の体のつくりと運動

人や他の動物について，骨や筋肉のつくりと働きに着目して，それらを関係付けて調べる活動を通して，次の事項を身に付けることができるよう指導する。

ア　次のことを理解するとともに，観察，実験などに関する技能を身に付けること。

　(ア)　人の体には骨と筋肉があること。

　(イ)　人が体を動かすことができるのは，骨，筋肉の働きによること。

イ　人や他の動物について追究する中で，既習の内容や生活経験を基に，人や他の動物の骨や筋肉のつくりと働きについて，根拠のある予想や仮説を発想し，表現すること。

(2)　季節と生物

身近な動物や植物について，探したり育てたりする中で，動物の活動や植物の成長と季節の変化に着目して，それらを関係付けて調べる活動を通して，次の事項を身に付けることができるよう指導する。

ア　次のことを理解するとともに，観察，実験などに関する技能を身に付けること。

　(ア)　動物の活動は，暖かい季節，寒い季節などによって違いがあること。

　(イ)　植物の成長は，暖かい季節，寒い季節などによって違いがあること。

イ　身近な動物や植物について追究する中で，既習の内容や生活経験を基に，季節ごとの動物の活動や植物の成長の変化について，根拠のある予想や仮説を発想し，表現すること。

(3)　雨水の行方と地面の様子

雨水の行方と地面の様子について，流れ方やしみ込み方に着目して，それらと地面の傾きや土の粒の大きさとを関係付けて調べる活動を通して，次の事項を身に付けることができるよう指導する。

ア　次のことを理解するとともに，観察，実験などに関する技能を身に付けること。

　(ア)　水は，高い場所から低い場所へと流れて集まること。

　(イ)　水のしみ込み方は，土の粒の大きさによって違いがあること。

イ　雨水の行方と地面の様子について追究する中で，既習の内容や生活経験を基に，雨水の流れ方やしみ込み方と地面の傾きや土の粒の大きさとの関係について，根拠のある予想や仮説を発想し，表現すること。

(4)　天気の様子

天気や自然界の水の様子について，気温や水の行方に着目して，それらと天気の様子や水の状態変化とを関係付けて調べる活動を通して，次の事項を身に付けることができるよう指導する。

　ア　次のことを理解するとともに，観察，実験などに関する技能を身に付けること。

　　(ア)　天気によって１日の気温の変化の仕方に違いがあること。

　　(イ)　水は，水面や地面などから蒸発し，水蒸気になって空気中に含まれていくこと。また，空気中の水蒸気は，結露して再び水になって現れることがあること。

　イ　天気や自然界の水の様子について追究する中で，既習の内容や生活経験を基に，天気の様子や水の状態変化と気温や水の行方との関係について，根拠のある予想や仮説を発想し，表現すること。

(5)　月と星

　　月や星の特徴について，位置の変化や時間の経過に着目して，それらを関係付けて調べる活動を通して，次の事項を身に付けることができるよう指導する。

　ア　次のことを理解するとともに，観察，実験などに関する技能を身に付けること。

　　(ア)　月は日によって形が変わって見え，１日のうちでも時刻によって位置が変わること。

　　(イ)　空には，明るさや色の違う星があること。

　　(ウ)　星の集まりは，１日のうちでも時刻によって，並び方は変わらないが，位置が変わること。

　イ　月や星の特徴について追究する中で，既習の内容や生活経験を基に，月や星の位置の変化と時間の経過との関係について，根拠のある予想や仮説を発想し，表現すること。

3　内容の取扱い

(1)　内容の「A物質・エネルギー」の(3)のアの(ア)については，直列つなぎと並列つなぎを扱うものとする。

(2)　内容の「A物質・エネルギー」の指導に当たっては，2種類以上のものづくりを行うものとする。

(3)　内容の「B生命・地球」の(1)のアの(イ)については，関節の働きを扱うものとする。

(4)　内容の「B生命・地球」の(2)については，１年を通じて動物の活動や植物の成長をそれぞれ2種類以上観察するものとする。

〔第5学年〕

1　目　標

(1)　物質・エネルギー

① 　物の溶け方，振り子の運動，電流がつくる磁力についての理解を図り，観察，実験などに関する基本的な技能を身に付けるようにする。

② 　物の溶け方，振り子の運動，電流がつくる磁力について追究する中で，主に予想や仮説を基に，解

決の方法を発想する力を養う。

③　物の溶け方，振り子の運動，電流がつくる磁力について追究する中で，主体的に問題解決しようとする態度を養う。

(2)　生命・地球

①　生命の連続性，流れる水の働き，気象現象の規則性についての理解を図り，観察，実験などに関する基本的な技能を身に付けるようにする。

②　生命の連続性，流れる水の働き，気象現象の規則性について追究する中で，主に予想や仮説を基に，解決の方法を発想する力を養う。

③　生命の連続性，流れる水の働き，気象現象の規則性について追究する中で，生命を尊重する態度や主体的に問題解決しようとする態度を養う。

2　内　容

A　物質・エネルギー

(1)　物の溶け方

　　物の溶け方について，溶ける量や様子に着目して，水の温度や量などの条件を制御しながら調べる活動を通して，次の事項を身に付けることができるよう指導する。

　ア　次のことを理解するとともに，観察，実験などに関する技能を身に付けること。

　　(ア)　物が水に溶けても，水と物とを合わせた重さは変わらないこと。

　　(イ)　物が水に溶ける量には，限度があること。

　　(ウ)　物が水に溶ける量は水の温度や量，溶ける物によって違うこと。また，この性質を利用して，溶けている物を取り出すことができること。

　イ　物の溶け方について追究する中で，物の溶け方の規則性についての予想や仮説を基に，解決の方法を発想し，表現すること。

(2)　振り子の運動

　　振り子の運動の規則性について，振り子が1往復する時間に着目して，おもりの重さや振り子の長さなどの条件を制御しながら調べる活動を通して，次の事項を身に付けることができるよう指導する。

　ア　次のことを理解するとともに，観察，実験などに関する技能を身に付けること。

　　(ア)　振り子が1往復する時間は，おもりの重さなどによっては変わらないが，振り子の長さによって変わること。

　イ　振り子の運動の規則性について追究する中で，振り子が1往復する時間に関係する条件についての予想や仮説を基に，解決の方法を発想し，表現すること。

(3) 電流がつくる磁力

　　電流がつくる磁力について，電流の大きさや向き，コイルの巻数などに着目して，それらの条件を制御しながら調べる活動を通して，次の事項を身に付けることができるよう指導する。

　ア　次のことを理解するとともに，観察，実験などに関する技能を身に付けること。

　　(ア) 電流の流れているコイルは，鉄心を磁化する働きがあり，電流の向きが変わると，電磁石の極も変わること。

　　(イ) 電磁石の強さは，電流の大きさや導線の巻数によって変わること。

　イ　電流がつくる磁力について追究する中で，電流がつくる磁力の強さに関係する条件についての予想や仮説を基に，解決の方法を発想し，表現すること。

B　生命・地球

(1) 植物の発芽，成長，結実

　　植物の育ち方について，発芽，成長及び結実の様子に着目して，それらに関わる条件を制御しながら調べる活動を通して，次の事項を身に付けることができるよう指導する。

　ア　次のことを理解するとともに，観察，実験などに関する技能を身に付けること。

　　(ア) 植物は，種子の中の養分を基にして発芽すること。

　　(イ) 植物の発芽には，水，空気及び温度が関係していること。

　　(ウ) 植物の成長には，日光や肥料などが関係していること。

　　(エ) 花にはおしべやめしべなどがあり，花粉がめしべの先に付くとめしべのもとが実になり，実の中に種子ができること。

　イ　植物の育ち方について追究する中で，植物の発芽，成長及び結実とそれらに関わる条件についての予想や仮説を基に，解決の方法を発想し，表現すること。

(2) 動物の誕生

　　動物の発生や成長について，魚を育てたり人の発生についての資料を活用したりする中で，卵や胎児の様子に着目して，時間の経過と関係付けて調べる活動を通して，次の事項を身に付けることができるよう指導する。

　ア　次のことを理解するとともに，観察，実験などに関する技能を身に付けること。

　　(ア) 魚には雌雄があり，生まれた卵は日がたつにつれて中の様子が変化してかえること。

　　(イ) 人は，母体内で成長して生まれること。

　イ　動物の発生や成長について追究する中で，動物の発生や成長の様子と経過についての予想や仮説を基に，解決の方法を発想し，表現すること。

(3) 流れる水の働きと土地の変化

流れる水の働きと土地の変化について，水の速さや量に着目して，それらの条件を制御しながら調べる活動を通して，次の事項を身に付けることができるよう指導する。

　ア　次のことを理解するとともに，観察，実験などに関する技能を身に付けること。

　　(ア)　流れる水には，土地を侵食したり，石や土などを運搬したり堆積させたりする働きがあること。

　　(イ)　川の上流と下流によって，川原の石の大きさや形に違いがあること。

　　(ウ)　雨の降り方によって，流れる水の量や速さは変わり，増水により土地の様子が大きく変化する場合があること。

　イ　流れる水の働きについて追究する中で，流れる水の働きと土地の変化との関係についての予想や仮説を基に，解決の方法を発想し，表現すること。

(4)　天気の変化

　　天気の変化の仕方について，雲の様子を観測したり，映像などの気象情報を活用したりする中で，雲の量や動きに着目して，それらと天気の変化とを関係付けて調べる活動を通して，次の事項を身に付けることができるよう指導する。

　ア　次のことを理解するとともに，観察，実験などに関する技能を身に付けること。

　　(ア)　天気の変化は，雲の量や動きと関係があること。

　　(イ)　天気の変化は，映像などの気象情報を用いて予想できること。

　イ　天気の変化の仕方について追究する中で，天気の変化の仕方と雲の量や動きとの関係についての予想や仮説を基に，解決の方法を発想し，表現すること。

3　内容の取扱い

(1)　内容の「A物質・エネルギー」の指導に当たっては，2種類以上のものづくりを行うものとする。

(2)　内容の「A物質・エネルギー」の(1)については，水溶液の中では，溶けている物が均一に広がることにも触れること。

(3)　内容の「B生命・地球」の(1)については，次のとおり取り扱うものとする。

　ア　アの(ア)の「種子の中の養分」については，でんぷんを扱うこと。

　イ　アの(エ)については，おしべ，めしべ，がく及び花びらを扱うこと。また，受粉については，風や昆虫などが関係していることにも触れること。

(4)　内容の「B生命・地球」の(2)のアの(イ)については，人の受精に至る過程は取り扱わないものとする。

(5)　内容の「B生命・地球」の(3)のアの(ウ)については，自然災害についても触れること。

(6)　内容の「B生命・地球」の(4)のアの(イ)については，台風の進路による天気の変化や台風と降雨との関係及びそれに伴う自然災害についても触れること。

〔第6学年〕

1 目 標

(1) 物質・エネルギー

① 燃焼の仕組み，水溶液の性質，てこの規則性及び電気の性質や働きについての理解を図り，観察，実験などに関する基本的な技能を身に付けるようにする。

② 燃焼の仕組み，水溶液の性質，てこの規則性及び電気の性質や働きについて追究する中で，主にそれらの仕組みや性質，規則性及び働きについて，より妥当な考えをつくりだす力を養う。

③ 燃焼の仕組み，水溶液の性質，てこの規則性及び電気の性質や働きについて追究する中で，主体的に問題解決しようとする態度を養う。

(2) 生命・地球

① 生物の体のつくりと働き，生物と環境との関わり，土地のつくりと変化，月の形の見え方と太陽との位置関係についての理解を図り，観察，実験などに関する基本的な技能を身に付けるようにする。

② 生物の体のつくりと働き，生物と環境との関わり，土地のつくりと変化，月の形の見え方と太陽との位置関係について追究する中で，主にそれらの働きや関わり，変化及び関係について，より妥当な考えをつくりだす力を養う。

③ 生物の体のつくりと働き，生物と環境との関わり，土地のつくりと変化，月の形の見え方と太陽との位置関係について追究する中で，生命を尊重する態度や主体的に問題解決しようとする態度を養う。

2 内 容

A 物質・エネルギー

(1) 燃焼の仕組み

燃焼の仕組みについて，空気の変化に着目して，物の燃え方を多面的に調べる活動を通して，次の事項を身に付けることができるよう指導する。

ア 次のことを理解するとともに，観察，実験などに関する技能を身に付けること。

(ア) 植物体が燃えるときには，空気中の酸素が使われて二酸化炭素ができること。

イ 燃焼の仕組みについて追究する中で，物が燃えたときの空気の変化について，より妥当な考えをつくりだし，表現すること。

(2) 水溶液の性質

水溶液について，溶けている物に着目して，それらによる水溶液の性質や働きの違いを多面的に調べる活動を通して，次の事項を身に付けることができるよう指導する。

ア 次のことを理解するとともに，観察，実験などに関する技能を身に付けること。

(ｱ)　水溶液には，酸性，アルカリ性及び中性のものがあること。

　(ｲ)　水溶液には，気体が溶けているものがあること。

　(ｳ)　水溶液には，金属を変化させるものがあること。

　イ　水溶液の性質や働きについて追究する中で，溶けているものによる性質や働きの違いについて，より妥当な考えをつくりだし，表現すること。

(3)　てこの規則性

　てこの規則性について，力を加える位置や力の大きさに着目して，てこの働きを多面的に調べる活動を通して，次の事項を身に付けることができるよう指導する。

　ア　次のことを理解するとともに，観察，実験などに関する技能を身に付けること。

　(ｱ)　力を加える位置や力の大きさを変えると，てこを傾ける働きが変わり，てこがつり合うときにはそれらの間に規則性があること。

　(ｲ)　身の回りには，てこの規則性を利用した道具があること。

　イ　てこの規則性について追究する中で，力を加える位置や力の大きさとてこの働きとの関係について，より妥当な考えをつくりだし，表現すること。

(4)　電気の利用

　発電や蓄電，電気の変換について，電気の量や働きに着目して，それらを多面的に調べる活動を通して，次の事項を身に付けることができるよう指導する。

　ア　次のことを理解するとともに，観察，実験などに関する技能を身に付けること。

　(ｱ)　電気は，つくりだしたり蓄えたりすることができること。

　(ｲ)　電気は，光，音，熱，運動などに変換することができること。

　(ｳ)　身の回りには，電気の性質や働きを利用した道具があること。

　イ　電気の性質や働きについて追究する中で，電気の量と働きとの関係，発電や蓄電，電気の変換について，より妥当な考えをつくりだし，表現すること。

B　生命・地球

(1)　人の体のつくりと働き

　人や他の動物について，体のつくりと呼吸，消化，排出及び循環の働きに着目して，生命を維持する働きを多面的に調べる活動を通して，次の事項を身に付けることができるよう指導する。

　ア　次のことを理解するとともに，観察，実験などに関する技能を身に付けること。

　(ｱ)　体内に酸素が取り入れられ，体外に二酸化炭素などが出されていること。

　(ｲ)　食べ物は，口，胃，腸などを通る間に消化，吸収され，吸収されなかった物は排出されること。

㋒　血液は，心臓の働きで体内を巡り，養分，酸素及び二酸化炭素などを運んでいること。

㋓　体内には，生命活動を維持するための様々な臓器があること。

イ　人や他の動物の体のつくりと働きについて追究する中で，体のつくりと呼吸，消化，排出及び循環の働きについて，より妥当な考えをつくりだし，表現すること。

(2)　植物の養分と水の通り道

植物について，その体のつくり，体内の水などの行方及び葉で養分をつくる働きに着目して，生命を維持する働きを多面的に調べる活動を通して，次の事項を身に付けることができるよう指導する。

ア　次のことを理解するとともに，観察，実験などに関する技能を身に付けること。

㋐　植物の葉に日光が当たるとでんぷんができること。

㋑　根，茎及び葉には，水の通り道があり，根から吸い上げられた水は主に葉から蒸散により排出されること。

イ　植物の体のつくりと働きについて追究する中で，体のつくり，体内の水などの行方及び葉で養分をつくる働きについて，より妥当な考えをつくりだし，表現すること。

(3)　生物と環境

生物と環境について，動物や植物の生活を観察したり資料を活用したりする中で，生物と環境との関わりに着目して，それらを多面的に調べる活動を通して，次の事項を身に付けることができるよう指導する。

ア　次のことを理解するとともに，観察，実験などに関する技能を身に付けること。

㋐　生物は，水及び空気を通して周囲の環境と関わって生きていること。

㋑　生物の間には，食う食われるという関係があること。

㋒　人は，環境と関わり，工夫して生活していること。

イ　生物と環境について追究する中で，生物と環境との関わりについて，より妥当な考えをつくりだし，表現すること。

(4)　土地のつくりと変化

土地のつくりと変化について，土地やその中に含まれる物に着目して，土地のつくりやでき方を多面的に調べる活動を通して，次の事項を身に付けることができるよう指導する。

ア　次のことを理解するとともに，観察，実験などに関する技能を身に付けること。

㋐　土地は，礫，砂，泥，火山灰などからできており，層をつくって広がっているものがあること。また，層には化石が含まれているものがあること。

㋑　地層は，流れる水の働きや火山の噴火によってできること。

㋒　土地は，火山の噴火や地震によって変化すること。

イ　土地のつくりと変化について追究する中で，土地のつくりやでき方について，より妥当な考えを
　つくりだし，表現すること。

(5)　月と太陽

　　月の形の見え方について，月と太陽の位置に着目して，それらの位置関係を多面的に調べる活動を
通して，次の事項を身に付けることができるよう指導する。

ア　次のことを理解するとともに，観察，実験などに関する技能を身に付けること。

　(ア)　月の輝いている側に太陽があること。また，月の形の見え方は，太陽と月との位置関係によっ
　　て変わること。

イ　月の形の見え方について追究する中で，月の位置や形と太陽の位置との関係について，より妥当
　な考えをつくりだし，表現すること。

3　内容の取扱い

(1)　内容の「Ａ物質・エネルギー」の指導に当たっては，２種類以上のものづくりを行うものとする。

(2)　内容の「Ａ物質・エネルギー」の(4)のアの(ア)については，電気をつくりだす道具として，手回し発電
　機，光電池などを扱うものとする。

(3)　内容の「Ｂ生命・地球」の(1)については，次のとおり取り扱うものとする。

ア　アの(ウ)については，心臓の拍動と脈拍とが関係することにも触れること。

イ　アの(エ)については，主な臓器として，肺，胃，小腸，大腸，肝臓，腎臓，心臓を扱うこと。

(4)　内容の「Ｂ生命・地球」の(3)については，次のとおり取り扱うものとする。

ア　アの(ア)については，水が循環していることにも触れること。

イ　アの(イ)については，水中の小さな生物を観察し，それらが魚などの食べ物になっていることに触
　れること。

(5)　内容の「Ｂ生命・地球」の(4)については，次のとおり取り扱うものとする。

ア　アの(イ)については，流れる水の働きでできた岩石として礫岩，砂岩，泥岩を扱うこと。

イ　アの(ウ)については，自然災害についても触れること。

(6)　内容の「Ｂ生命・地球」の(5)のアの(ア)については，地球から見た太陽と月との位置関係で扱うもの
　とする。

第3　指導計画の作成と内容の取扱い

1　指導計画の作成に当たっては，次の事項に配慮するものとする。

(1)　単元など内容や時間のまとまりを見通して，その中で育む資質・能力の育成に向けて，児童の主体
　的・対話的で深い学びの実現を図るようにすること。その際，理科の学習過程の特質を踏まえ，理科

の見方・考え方を働かせ，見通しをもって観察，実験を行うことなどの，問題を科学的に解決しようとする学習活動の充実を図ること。

(2) 各学年で育成を目指す思考力，判断力，表現力等については，該当学年において育成することを目指す力のうち，主なものを示したものであり，実際の指導に当たっては，他の学年で掲げている力の育成についても十分に配慮すること。

(3) 障害のある児童などについては，学習活動を行う場合に生じる困難さに応じた指導内容や指導方法の工夫を計画的，組織的に行うこと。

(4) 第1章総則の第1の2の(2)に示す道徳教育の目標に基づき，道徳科などとの関連を考慮しながら，第3章特別の教科道徳の第2に示す内容について，理科の特質に応じて適切な指導をすること。

2 第2の内容の取扱いについては，次の事項に配慮するものとする。

(1) 問題を見いだし，予想や仮説，観察，実験などの方法について考えたり説明したりする学習活動，観察，実験の結果を整理し考察する学習活動，科学的な言葉や概念を使用して考えたり説明したりする学習活動などを重視することによって，言語活動が充実するようにすること。

(2) 観察，実験などの指導に当たっては，指導内容に応じてコンピュータや情報通信ネットワークなどを適切に活用できるようにすること。また，第1章総則の第3の1の(3)のイに掲げるプログラミングを体験しながら論理的思考力を身に付けるための学習活動を行う場合には，児童の負担に配慮しつつ，例えば第2の各学年の内容の〔第6学年〕の「A物質・エネルギー」の(4)における電気の性質や働きを利用した道具があることを捉える学習など，与えた条件に応じて動作していることを考察し，更に条件を変えることにより，動作が変化することについて考える場面で取り扱うものとする。

(3) 生物，天気，川，土地などの指導に当たっては，野外に出掛け地域の自然に親しむ活動や体験的な活動を多く取り入れるとともに，生命を尊重し，自然環境の保全に寄与する態度を養うようにすること。

(4) 天気，川，土地などの指導に当たっては，災害に関する基礎的な理解が図られるようにすること。

(5) 個々の児童が主体的に問題解決の活動を進めるとともに，日常生活や他教科等との関連を図った学習活動，目的を設定し，計測して制御するという考え方に基づいた学習活動が充実するようにすること。

(6) 博物館や科学学習センターなどと連携，協力を図りながら，それらを積極的に活用すること。

3 観察，実験などの指導に当たっては，事故防止に十分留意すること。また，環境整備に十分配慮するとともに，使用薬品についても適切な措置をとるよう配慮すること。

小学校　教科書単元別

到達目標と評価規準 〈理科〉教 3-6年
2020年度新教科書対応

2019年10月30日　初版第1版発行

企画・編集　　日本標準教育研究所
発　行　所　　株式会社　日本標準
発　行　者　　伊藤 潔
　　　　　　　〒167-0052　東京都杉並区南荻窪3-31-18
　　　　　　　TEL　03-3334-2630　FAX　03-3334-2635
　　　　　　　URL　https://www.nipponhyojun.co.jp/
デザイン・編集協力　株式会社リーブルテック
印刷・製本　株式会社リーブルテック

ISBN　978-4-8208-0677-6　C3037　Printed in Japan
乱丁・落丁の場合はお取り替えいたします。